Carl Bleibtreu

Schlacht bei Amiens und Saint-Quentin am 19. Januar 1871

e g v

Carl Bleibtreu

Schlacht bei Amiens und Saint-Quentin am 19. Januar 1871

1. Auflage 2011 | ISBN: 978-3-86382-088-6

Erscheinungsjahr: 2011

Erscheinungsort: Paderborn, Deutschland

Europäischer Geschichtsverlag, Paderborn. Alle Rechte beim Verlag. Europäischer Geschichtsverlag ist ein Imprint des Salzwasser Verlags, Paderborn.

Reprint des Originals.

Amiens.

Am 21. Dezember bei Contay an der Hallue.

"Halt! Wer sind Sie?" — "Bürger aus Corbie." Der Patrouillenführer besah sich prüfend die scharfgeschnittenen Gesichter, deren gebräunte Farbe viel Aufenthalt in freier Luft verriet. Der eine jedoch mit der Brille und dem gelblichen Teint sah so entschieden unmilitärisch aus, daß jeder Verdacht schwand. "Liegen Truppen in Corbie?" fragte er höflich in gutem Französisch. "Nein, noch nicht," erwiderte ein älterer Herr unbefangen. "Man sagt jedoch, daß in nächsten Tagen aus Arras und Douai Mobilgarden sich Quartier in der Umgegend bestellt haben." Der Husarenleutnant lachte auf. "Wird ein nettes Gesindel sein! Was noch einigermaßen taugte, haben wir in Amiens zersprengt. Hatten Sie damals viel Verwundete in Corbie?" wandte er sich an den Mann mit der Brille, als ob er in ihm einen Arzt vermute. Der Brillenträger, offenbar den Gedanken erratend, warf leicht hin: "O ja, man hatte viel zu thun." Der Patrouillenführer prüfte den winterlichen Horizont, Hand überm Auge: nichts zu erblicken in der öden Runde. „Na abieu, meine Herren, bestellen Sie nur für uns Quartier in Corbie, wir kommen nächstens."

Der Leiter des Bauernwagens, sobald die Streifreiter entfernt genug, um nicht mehr beobachten zu können, peitschte auf die Gäule los und fuhr in auffälliger Eile davon. Die vier ‚Bürger' lachten leise. „Er hielt Sie für einen Arzt, mein General." — „Wohl, das bin ich auch in gewissem Sinne. Ich hoffe den kranken Zustand hier zu kurieren. — Die persönliche Erkundung hat mich überzeugt, daß wir an der Hallue eine ausgezeichnete Defensive haben werden. Hier werden wir uns eingraben."

„Die ‚Provisorische Regierung' und die ‚Nationalverteidigung' wünschen Offensive, um Paris zu entlasten," wendete General Farre ein; denn er, der Stabschef der ‚Nordarmee', General Lecointe und der alte General d'Jvoy waren die Begleiter des Manns mit der Brille, der sich Louis Faidherbe nannte. Dieser seltsam eigensinnige Streich, persönlich in Bürgertracht zu erkunden, entsprach seiner Rührigkeit.

„Sie meinen Herrn Gambetta in Tours? Der kümmert mich gar nicht. Ich habe höchstens mit dem Civilkommissar Testelin zu schaffen. Und auch dessen Instruktionen erachte ich nicht als bindend, seine Funktionen betreffen die Verwaltung und da bin ich ihm dankbar. Im übrigen thue ich, was ich will. Vorerst werde ich die Kriegsartikel mit unbeugsamer Strenge handhaben. Disciplin! Das ist das große Geheimnis, das den Mangel an Ausbildung ersetzt. Daran krankte augenscheinlich die Loirearmee, wir werden die Sache anders anfassen.

„Sie glauben wohl, ich sei kein Feldsoldat?" fuhr er mit stechendem Blicke fort, leicht die Stirn runzelnd. „Man wird sich täuschen. Ich habe in Senegambien die Trikolore 150 Meilen von der Küste im Innern aufgepflanzt, habe 60 Meilen Breite dauernd erobert, und die Mauren und Neger dort sind so kriegerisch wie die Preußen. Gewiß, in Europa habe ich nicht gedient, aber der Krieg ist der Krieg, und ich habe mir sagen lassen, daß der General Goeben drüben, von dem die Deutschen soviel halten, seine Kriegserfahrung auch nicht erst in preußischen Kriegen, sondern unter spanischen Carlisten in Gebirgsscharmützeln erwarb. Bah, ich

freue mich auf diesen Gegner — und, so Gott will, werde ich ihm zu schaffen machen!"

Diese zuversichtliche Sprache verfehlte die Wirkung auf seine Offiziere nicht. So wenig persönlicher Zauber von ihm ausging, eroberte er doch durch den Respekt, den er sich erzwang, den Verstand, obschon nicht das Gemüt, seiner Untergebenen. Wie merkwürdigerweise gerade die am wenigsten martialisch — im vulgären Sinne — auftretenden Moltke und Goeben die längste Kriegserfahrung — aus der Jugend in Türkei und Spanien — im preußischen Heere besaßen, so war auch der wenig „soldatisch" aussehende Faidherbe durch und durch Berufssoldat, mit allen Vorzügen und Fehlern eines solchen. Seine unbeugsame Beharrlichkeit teilte sich bald magnetisch seiner Umgebung mit und unwillkürlich flößte er den Truppen den Geist zäher Hartnäckigkeit ein, der ihn beseelte. ‚Thatkraft‘ aber, die man in so reichem Maße ihm zuerkannt hat, fand nur recht bescheidenen Raum in seiner Artung.

„Warme Kleidung, reichliche Verpflegung, möglichst ausgiebige Bewaffnung, nicht zu vergessen dichtes Schuhwerk, Unterbringung in Cantonnements, keine aufreibenden Biwaks — und alles Andere wird sich von selber finden." Ein vielverheißendes Programm, aber der Körper einer Armee mag noch so wohlgenährt von Gesundheit strotzen, es kommt zuletzt auf die Seele, auf den Feldherrn an. Und würde Faidherbe sich als solcher entfalten? „Jetzt sind wir Herren der Lage," prahlte er, als er auf die Hallue von droben herniedersah. Farre und d'Jvoy schwiegen. Dieser von den Herren in Tours erfundene Fremdling, Gouverneur von Senegambien, so plötzlich als Oberbefehlshaber aus Afrika hierher verschneit, imponierte ihnen wohl durch seine bestimmte hochfahrende Sicherheit und die unleugbare Tüchtigkeit seines Wesens. Aber sie dachten für sich: Was weiß der Mann vom Senegal von den Deutschen! Und an ihrem inneren Auge zog die Schlacht vorüber, die sie beide da drüben im Westen, ganz in der Nähe, wo Türme von Kathedrale und Justizpalast jetzt schwarzweiße preußische Fahnen trugen, vor just einem Monat bestanden. Amiens!

Am 25. November gegen Abend — es wurde schon bitterkalt — trabte ein kleiner Reitertrupp dem Luce=Bach vor Amiens zu, dessen Übergänge soeben die Vortruppen des VIII. Rheinischen Korps in Besitz genommen hatten. Der vorderste Reiter trug Beinkleider ohne Generalsstreifen, auf der Brust nur den Pour=le=Merite und das eiserne Kreuz I. Klasse, einen breiten Degen in einfacher Lederscheide über den Überzieher gegürtet, einen Shawl umgewunden, links auf der Zügelhand einen Pelzhandschuh, einen Shawl um den Hals gewickelt.

Diese ernsten, wie aus Marmor gemeißelten Züge mit der breiten, hellen Stirn, den bebrillten graublauen Augen und dem festgeformten Kinn fesselten durch die Bestimmtheit des Willens, der sich darin ausprägte. Blickte er auf das willige und schneidige Vorgehen der „blauen Jungen", zuckte wohl ein leises Lächeln um den schmalen Mund und ein herzgewinnender Adel lag in der

ganzen prunklosen Erscheinung. Es war kein Geringerer als August v. Goeben. Dieser breite Degen an seiner Hüfte, einst ein Ehrendegen des Prinzen von Preußen, als Zeichen höchster persönlicher Zuneigung dem Major verliehen, dieser Degen, der ihn nie verließ, war der ruhmreichsten einer im preußischen Heere.

In strengdienstlicher Haltung parierte soeben der Kommandeur der Avantgarde, der energische General v. Strubberg, sein Pferd vor dem Chef, um sich bei ihm zu melden.

„Nun, Sie haben hübsche Arbeit gethan," nickte dieser freundlich. „Oberst v. Loë von den Königshusaren hat ganz richtig aufgeklärt. Der Feind setzt sich wirklich bei Amiens. — Ich bitte um Ihre Meldung."

„Zu Befehl. Wir erhielten aus Thennes und Hailles Feuer . . . die Kerle versuchten erst, uns mit Winken weißer Tücher heranzulocken . . . auf diese schäbige Falle fallen wir nicht mehr 'rein. Wir überschritten den Bach und warfen über Bertaucourt hinaus, was uns entgegenkam . . . ich glaube Chasseurs — und sind jetzt im Begriff, zum Avre hinabzusteigen." — Er wies mit der Hand nach einer Thalschlucht, die vom Gehölz von Gentelles sich hinabzog, aber Goeben winkte ungeduldig ab: „Das sehe ich. Ging Ihnen nicht mein Wunsch zu, eine gewisse Zurückhaltung zu bewahren? Das ist durchaus nötig, um den Feind nicht auf= zureizen. Hoffentlich bleibt er in Amiens drin bis übermorgen, wo wir das I. Korps so gut wie vollzählig neben uns haben. Wenn nicht, so giebt es morgen Schlacht. Die Kerle scheinen ja förmlich frech geworden. Seh'n Sie nur da drüben!" Von Gentelles und Cachy drangen dichte Schwärme von Rothosen gegen Domart. „Sie werden Ihre Bataillone bis hinter die Luce zurückführen."

Strubberg verbeugte sich, sehr wider Willen gehorchte er diesem gemessenen Befehl. Seiner Meinung nach war man so hübsch im Zuge, den Franzmann vor sich herzutreiben, obschon man bedeutend mehr Leute verloren hatte, als der nicht erheblich an Zahl überlegene Feind (18. und 20. Chasseurbataillon und I 68). Während die Zurücknahme der Vortruppen erfolgte, besprach der nach seiner treff= lichen Gewohnheit, um „selbst zu sehen", mit vorgerittene komman= bierende General auch mit dem Divisionskommandeur v. Kummer, der das Gefecht in vorderster Linie mitgemacht hatte, die Kriegs= lage. „Es ist am 25. zwischen dem Armeekommando und mir ver= einbart worden, sofort Amiens zu säubern. Etwa 17 000 Mann sind dort festgestellt und von Rouen und Lille werden anscheinend immer neue Formationen dorthin befördert. Wir dürfen dies nicht dulden. General v. Manteuffel ordnete daher schon den Vormarsch über die Oise an, die vollständige Ankunft des I. Korps abzuwarten ist unnütz. Oberst Graf Wartensleben, interimistischer Chef des Armeestabs, teilt meine Meinung."

„Na, Excellenz, wir werden den Kerls die Buxen stramm= ziehen und auskloppen, daß sie Ach und Weh schreien!" bekräftigte Jener in soldatisch derbem Ton. „Diese zusammengelaufenen Hor= den, diese schlappe Volkswehr, sind ja nicht das Pulver wert, das man an sie verschwendet."

„Hm, meinen Sie?" Goeben sah ernst und nachdenklich drein. „Ich erinnere mich aus meiner Carlisten=Zeit, daß improvisierte

Aufgebote doch allerlei leisten können, wenn's ihnen ernst mit der Sache ist. Und daran ist wohl hier nicht zu zweifeln, bei der glühenden Vaterlandsliebe der Franzosen. Die Geringschätzung dieser Massenaufgebote, wie sie da unten an der Loire der Gambetta aus der Erde stampft, in unsern höchsten militärischen Kreisen will mir ungerechtfertigt dünken."

„Excellenz glauben wirklich, daß solche Haufen gegen uns das Feld halten können?" staunte der echte preußische Durchschnittsgeneral ungläubig.

„Nicht grade das! Auf dem Schlachtfeld sehen wir dann wohl wilde Flucht, wenn erst der Schrecken diese undisciplinierten Massen ergreift. Aber sie sind immer wieder da, das wächst nach wie Hydraköpfe. Nun, wir werden ja erfahren, ob ich mich täusche. Wollen's hoffen."

Kummer schüttelt leise den Kopf. „Und Offiziere!"

„Werden sie auch schon finden. Übrigens . . . den Bayern haben sie bei Coulmiers ja schon gehörig zugesetzt. Und sagen Sie ehrlich . . . was ich da von Ihrem heutigen Gefecht mit ansah . . . es hat einen gewissen Eindruck auf mich gemacht . . . lernen wir um Gotteswillen den Gegner richtig würdigen!"

„Es mögen ihre besten Bataillone gewesen sein. Ich stimme Ew. Excellenz bei, die Kerle hielten sich ganz gut. Und eine Dreistigkeit . . . dem muß doch wirklich ein Dämpfer aufgesetzt werden."

„Nun, das werden wir ja wohl thun. Hoffentlich haben wir genug Kräfte in der Hand, um gleich einen vernichtenden Schlag zu führen. Was zur Stelle ist — meins und die paar Halbbrigaden vom I. Korps —, beträgt nicht gar viel. Ich habe laut Rapport, wenn ich etwa 3 anderweitig zurückgebliebene Bataillone und die noch gar nicht zur Stelle befindliche „Korpsartillerie" abrechne, etwa 16000 Mann Infanterie, 64 Geschütze. Bentheim wird etwa 8000 mit 66 Geschützen bringen, und Groeben, dem auch fast 5 Schwadronen fehlen, 1600 Pferde mit einer reitenden Batterie. Mit den Korpskavallerien macht das etwa 3500 Pferde. An dieser Waffe hat der Feind gewiß keinen Überfluß. Übrigens besteht ja die Absicht, erst übermorgen zu schlagen, wo noch weitere 7000 Ostpreußen zur Not anlangen können." — — —

Dies die Verpflegstärke. Die reine Kombattantenzahl war natürlich erheblich geringer und betrug im ganzen etwa 24000 Gewehre und Säbel, mit der Artilleriebedienung für 136 Stück jedoch sicher 27000. Was in Amiens stand, war erheblich geringer: rund 22000 „Mann" Fußvolk, 500 Reiter, 48 Feld-, 10 Festungsgeschütze. Also an Kombattanten inclusive Artillerie circa 22000 Köpfe. Kam die mehr als doppelte Übermacht an Artillerie, achtfache an Reiterei zur Geltung, und verdienten die Milizaufgebote wirklich, daß die preußischen und sogar die französischen Generale alter Schule mit Verachtung auf sie herabsahen, dann machte man sie sicher jetzt unschädlich, zerstreute sie ebenso schnell, wie sie zusammengebracht, indem man den Schrecken in sie hineintrug.

General Farre — als Stellvertreter des noch nicht angelangten Faidherbe, den Gambetta an Stelle des unfähigen schönen Garbehaudegens Bourbaki sich ausgesucht hatte, sowie der Kommissar Testelin, ein Arzt aus Lille, mit richtigem Blick den Ingenieur Farre erwählte — schien jedoch keineswegs gesonnen, Amiens ohne Schwertstreich preiszugeben. Er verließ sich dabei auch auf die guten Verschanzungen, welche die Civilverwaltung der Stadt südlich aufgeführt hatte, in beiläufiger Länge von sieben Kilometern.

Während demnach der Höchstkommandierende der I. Armee schon um fünf Uhr nachmittags den Armeebefehl ausgab, sich am 27. näher heranzuschieben und die Front zu verkürzen, weil er die Franzosen hinter dem Somme=Fluß wähnte, höchstens mit Verteidigung von Amiens selber beschäftigt, standen diese weit vor der Somme, nicht gewillt, sich aufs engere Stadtgebiet beschränken zu lassen. Indem also dem VIII. Korps vorgeschrieben war, auf Hébecourt südlich der Stadt, und dem I. mit Linksschwenkung über Domart auf St. Nicolas und Gentelles vorzumarschieren, schwebte die Mutmaßung vor, daß diese Punkte vom Feinde so gut wie unbesetzt seien. Dies war aber durchaus nicht der Fall. Vielmehr waren die Franzosen nicht nur in die Schanzlinien eingerückt, sondern hatten auch die Hochfläche bei Gentelles, welche mit vielen Waldparzellen besprenkelt erscheint, in ihr Bereich einbezogen. Hier stand ihre Linke bei Villers Bretonneux, etwa 100 m hoch, während die Brigade Lecointe als Reserve bis zum Städtchen Corbie (weit östlich von Amiens an der Eisenbahn Amiens=Albert=Arras) zurückstand. Brigade du Bessol besetzte hier auch noch einige geschickte Erdwerke zwischen Cachy und Marcelcave — südlich von Villers Bretonneux — und ihre Batterien beherrschten das Lucethal und seitwärts das tiefgelegene Thal Boves vom Mühlenberg bei Gentelles, dem höchsten Punkt der Gegend mit 117 m. Der Anstieg vom Lucebach mußte daher für die Ostpreußen schwierig und verlustreich werden. Bei Gentelles schloß Brigade Derroha an, über die Eisenbahn weg, die mit einer großen Schleife von Süden her dicht vor Amiens nach Osten abbiegt. Von Cagny setzte dann die Stellung sich bis Pont=de=Metz westlich von Amiens fort, wo die Schanzen bei Dury von der Mobilgardenbrigade Paulze d'Jvoy bewacht wurden. Die Aufklärungskompagnien des Major Bayle, eine kleine auserlesene Truppe von 150 Mann, hatte die Anwesenheit der Deutschen bei Domart festgestellt.

„Ich fürchte nichts auf dieser Seite," bemerkte General Farre, indem er in der kleinen Citadelle von Amiens mit den Generälen Lecointe und b'Jvoy die letzten Dispositionen traf — Oberst du Bessol und Oberst Derroha befanden sich schon in der Front. „Doch bestimmte ich, daß ein Bataillon vom 69. Marsch dorthin zur Verstärkung übertritt. Ich übergebe Ihnen ferner eine 12 Pfünder=Batterie, außer den 10 Festungsgeschützen in den Schanzen. Was die 4 pfündige Batterie der Nationalgarde betrifft, so konnte sie bisher Amiens nicht verlassen, es fehlt durchaus an ausgebildeter Mannschaft, und fünf andere schwere Stücke, System Armstrong und Whitworth, müssen wir unbenutzt lassen, da man ihre Schußtafeln nicht kennt. Doch die 4 Pfünder=Batterie bekommen Sie, verlassen Sie sich darauf, ich werde sie einfach, wie die 12 Pfünder, zur

Hälfte von Marinesoldaten bedienen lassen. Mit Ihrem Marsch-
jägerbataillon und Ihren 9½ Mobilbataillonen, dazu 350 Marinefüsiliere, sind Sie wohl stark genug."

„Meine Moblots sind sehr verschieden," machte b'Ivoy bedenklich. „Die von Gars und die Freiwilligen der Somme sind in
einer ganz brav gedachten Affaire bei La Fère beim ersten Schuß
davongelaufen, letztere habe ich wegen grober Verstöße gegen die
Mannszucht aufgelöst."

„Was wollen Sie! Hat man nicht selbst hier in Amiens
Ende September gemeutert! Und das waren wirkliche Linien-
kompagnien vom Depôt 43. Regiment! Mit vollem Gepäck wollte
die Bande ausrücken, um Paris zu befreien! Bah, grade die
Sakermenter haben sich heut abend geschlagen wie die Teufel! Nur
Mut!" —

Das Depôt vom 43. de ligne (dem 69. Marschregiment ein-
verleibt) sowie anderer, meist dem früheren kaiserlichen Korps Lab-
mirault zugehöriger, Regimenter bestand aus einigen Beurlaubten,
Reservisten, ohne Einberufung Zurückgestellten, etwa nach deutschem
System Ersatzreserve II. Klasse oder Landwehr.

Es war, da der 27. November-Tag spät und trübe anbrach, etwa
10 Uhr vormittags, als das VIII. Armeekorps in Richtung auf Fouen-
camps linksschwenkend die Luce überschritt. Goeben litt körperlich sehr
unter starker Erkältung und beschäftigte sich persönlich nicht mit den An-
stalten des Gefechtsaufmarsches, sobald dieser nötig wurde. Das entlastet
ihn natürlich bezüglich der höchst miserabeln Führung des Korps, das sich
bei der endlosen Linksziehung in lauter Teilkämpfe zersplitterte. Die
Ausdehnung der feindlichen Stellung ahnte er trotz der gewaltsamen Aus-
kundung von gestern abend gerade so wenig wie Manteuffel.

Auf dem äußersten linken Flügel ging das 40. Hohenzollersche Fü-
silierregiment gegen Hébécourt vor, das von der Hälfte des 2. Marsch-
jägerbataillons und Mobilgarden der Somme mit Erbitterung verteidigt
wurde. Mit Beil und Kolben schlug man die Haustore ein, mußte
Verrammelungen wegräumen; erst als die 70er noch weiter links in die
Flanke gingen, fiel der Ort. Beim Rückzug ersahen hundert Husaren ihren
Vorteil und hieben einen Knäuel von zweihundert Mobilgarden zusammen,
die sich verzweifelt mit dem Bajonett wehrten. Der Standartenträger mußte
sich des Banners wie einer Keule bedienen, um es zu retten. Es wurde
Mittag, als die 32. Brigade endlich der schwachen feindlichen Abteilung

Herr wurde, die in die Schanzen von Dury verschwand. Dort waren nur zwei gezogene Vierpfünder, von Nationalgarde bedient, schußbereit; den Festungsgeschützen mangelten vorerst Kartuschen. Die Moblots sendeten jedoch schon auf 1200 m Chassepotfeuer und die gebrochene Front der bastionierten und gut profilierten Schanzanlagen, in denen man jedoch das Anbringen von Schießscharten vernachlässigt hatte, begünstigte das Bestreichen des Schußfelds. Auch die 31. Brigade, welche nur als Reserve folgte und später in einem Dorf des Cellethals mit bewaffneten Bauern in ein abschreckendes Gemetzel geriet, erhielt nach zwei Uhr ein so scharfes Granatfeuer seitwärts aus den Schanzen, daß ein einziger Schuß vierzehn Mann niederstreckte. Um diese Zeit waren nämlich die versprochenen Zwölfpfünder, sowie um halbvier Uhr der Rest der Nationalgardenbatterie angelangt. Obschon 86 Rheinische Geschütze rund 2700 Granaten hineinpfefferten, gegen drei Uhr sogar bis tausend Schritt an die Schanzen heranfuhren, antworteten die Franzosen beharrlich. Die beiden tapfern Batterien verloren 3 Offiziere, 80 Mann, waren aber nicht zum Schweigen zu bringen. Unsere Infanterie wagte nicht anzugreifen, obschon sie den hochgelegenen Kirchhof von Dury hatte. Schiffslieutnant Meunier fand hier Heldentod.

Die Mobilgardenbrigade hatte, als die Nacht anbrach, gegen sehr große Übermacht ihre Stellung behauptet. Daß Generallieutenant v. Barnekow thatsächlich nur ein Drittel seiner Division ernstlich verwendete, ist seine eigene Schuld

Mittlerweile war Division Kummer rechts davon auf Boves marschiert, dessen Wiesengründe unterm Feuer der 18. Marschjäger durchschritten wurden. Gegen ein Uhr — bisher vertröbelte man die Zeit — lief die Kunde ein, daß das I. Armeekorps in sehr schwerem Kampfe stehe, in den einzugreifen das Oberkommando den General v. Goeben aufforderte. Brigade Strubberg erhielt aber jetzt beim Vorgehen plötzlich Flankenfeuer aus dem Gehölz von Gentelles. Denn General Lecointe, der die allgemeine Leitung aller Brigaden nach Mittag übernahm, sobald er vormittags mit seiner Reserve ins Gefechtsfeld du Bessol's eingerückt, hatte den Fortschritten der Ostpreußen im Osten vorläufig ein Ziel gesetzt und drang soeben in die Lücke vor, welche nach Linksziehen des VIII. und unwillkürlichem Rechtsziehen des I. Korps entstanden war. Manteuffel mit seinem Stabe freilich, dem General Lecointe gegenüber erschienen, half sachgemäß und rechtzeitig aus, indem er mit seiner persönlichen Bedeckung und dem I. Bataillon des tapfern Rheinischen 28. Regiments die Lücke stopfte. Aber er täuschte den Feind nicht, der energisch mit einem Bataillon des 68. Marsch= und einem des 46. Mobilgardenregi=

ments vorging, ersteres von Brigade Derroja, letzteres von Lecointe, unterstützt von 20. Marschjägern bu Beſſol's. Goeben hatte ſoeben zurückgemeldet: „Mein ganzes Korps ſchon in Gefecht verwickelt, daher zu Vorgehen auf Gentelles vorderhand nicht fähig." So ſpannte ſich denn I 28, unterſtützt durch eine Kompagnie 68er, ſpäter noch drei andere, in dünner Linie zwiſchen den zwei nach Amiens führenden Chauſſeen hin und ließ den energiſchen Vorſtoß herankommen. „300 Schritt Feuer!" Achtmal warfen die franzöſiſchen Tirailleure ſich zur Erde, achtmal ſprangen ſie zum Vorgehen auf — erſt nach drei Uhr zogen die 28er auf die Luceufer ab. Infolgedeſſen erſchien dem linken Flügel I. Korps die Lage ſo gefährlich, daß um vier Uhr zwei Bataillone 4. Rgts. und zwei Batterien bis Domart zurückgenommen wurden. Das bedeutete, obſchon Lecointe aus guten Gründen dieſen Rückzug nicht ſtörte, ein förmliches Entgleiſen der deutſchen Schlachtordnung, die alſo im Zentrum faſt durchbrochen zu werden fürchtete.

Die Diviſion Kummer ſtieß mit faſt doppelter Übermacht auf Brigade Derroja, die obendrein nur mit zwei Marſchbataillonen, den 18. Chaſſeurs und einem kleinen Teil 47. Mobile bei Boves focht, ihre Linke aber gegen die Oſtpreußen wendete. Das langgeſtreckte Dorf Boves erlag daher einem konzentriſchen Angriff, den die 30. Brigade in den Südrand und die 29. in den Weſtrand ausführte. Die 18. Marſchjäger hatten vergangenen Abend ihren Kommandeur verloren, der tödlich getroffen wurde, und benahmen ſich ziemlich lau. Dagegen ſchlug ſich das eine Marſchbataillon unter Major Zébé recht gut. Der deutſche Angriff klappte wieder einmal ſo ſchlecht zuſammen, daß der Südrand ſchon um halbdrei, der Weſtrand erſt eine Stunde ſpäter erobert wurde. Nur 24 Geſchütze bereiteten den Sturm vor und brachten ſpäter eine einzelne Batterie Derroja's zum Schweigen. Auch kamen nur zwölf Kompagnien der 30. und achtzehn der 29. Brigade ernſtlich zum Kampfe, alſo fünf Achtel der Diviſion. Es wurden haufenweiſe Gefangene gemacht, merkwürdigerweiſe nicht Mobilgarden, ſondern nur Marſchſoldaten. Ein Verſuch der Oſtpreußiſchen 33 er (die bekanntlich von Anbeginn dieſem Armeekorps angehörten und bei Gravelotte hervorragend fochten), das ſumpfige Avre-Flüßchen auf einem ſchmalen Steg im Gänſemarſch zu überſchreiten, um die Franzoſen bei Cagny, von wo Derroja mit ſeinen ſchwachen Kräften noch einen kurzen Vorſtoß wagte, zu umgehen, verſtrich ergebnislos.

Man kann beim beſten Willen nicht behaupten, daß dieſe Diviſion, die bei Gravelotte das Beſte that, heut einen beſonders ruhmvollen Tag hatte. Überhaupt haben 17000 deutſche Gewehre und Säbel, 66 Geſchütze nur 8000 Franzoſen, wovon 5000 Mobilgarden, mit 18 Feldgeschützen, von den fast gar nicht feuernden Positionsstücken abgesehen, gegen sich gehabt. Verlust: rund 336 Köpfe. Die Franzosen büßten etwa 100 Köpfe Artillerie, 380 Chasseurs, 350 andere Infanterie ein, wovon 450 Gefangene. Hierzu ist jedoch noch ein Teil des Verlustes zu rechnen, den die Offensive Lecointe's gegen acht rheinische Kompagnien im Zentrum erlitt.

Zwei bis drei Bataillone der Brigade Derroja hatten diese Offensive auf Gentelles begleitet, dessen Gehölz schon um zwei Uhr dem 4. Ostpreußischen Regiment wieder entrissen wurde, worauf auch das Dorf eine halbe Stunde später fiel und hierdurch, wie oben gesagt, der ganze linke Flügel des I. Korps auf Domart zurückgenötigt wurde. Da sich auch bei Cagny Derroja behauptete, kann man die mit recht schwachen Kräften unternommene Offensive Lecointe's nur erfolgreich nennen. Mobilgarden du Nord von verschiedenen Bataillonen hatten beherzt daran teilgenommen. Der Regimentskommandeur vom 46. Mobilen hatte sein II. Bataillon dicht an den Feind später herangeführt, nachdem es anfangs vor Granaten der Ostpreußischen Artillerie das Weite suchen wollte.

Infolge der Besitznahme von Gentelles französischerseits kam die eigentümliche Erscheinung zu stande, daß man sich wechselseitig flankierte. Die rheinischen 68 er westlich und die ostpreußischen 4 er östlich sahen sich umgangen und sehr empfindlich belästigt, erstere aber stießen dann wieder ihrerseits in die Flanke der vorgegangenen Linken Derroja's. Wie es dazu kam, das ergiebt erst Schilderung des Hauptkampfes, der allein beim I. Korps lag, das sich Bretonneux zuwendete.

Dort versagte vollständig die 3. Kavalleriedivision. Graf Groeben war um ein Uhr bei Marcelcave erschienen, der links herüberschallenden Kanonade folgend, vermochte sich aber nicht den Entschluß abzuringen, mit seinen zahlreichen Geschwadern und zwei Jägerbataillonen die französische Linke zu umgehen. Nur seine zehn Geschütze beteiligten sich allmählich an dem furchtbaren Kampfe, der südlich von Bretonneux seit Stunden tobte. Es wurde so auch auf dieser Seite der deutschen Schlachtordnung dreieinhalb Uhr, ehe wenigstens die verfügbare Artillerie einigermaßen zusammenschloß. Und zwar stand ursprünglich dem 44. Regiment, das südöstlich Bretonneux stundenlang heroisch rang, nur eine Batterie zur Verfügung. Dann erst, nach halbzwei Uhr, eilte die Korpsartillerie herbei und zwar nur deren leichte und reitende Batterien, letztere bogen jedoch links ab und unterstützten das 4. Regiment südlich Cachy um drei Uhr, erstere sahen sich um zwei Uhr durch vorbrechende Schützenschwärme zur Umkehr genötigt. Da brachten ihnen nach drei Uhr noch drei schwere Batterien Hilfe und dem vereinten Feuer von 46 Stück, die rund 1500 Granaten verschossen, allerdings dabei 68 Mann verloren, konnten 24 französische unmöglich gewachsen bleiben, obschon sich darunter die zwölfpfündige Batterie der Brigade Lecointe befand. Oberst du Bessol brachte anfänglich nur seine Vierpfünder in Stellung an der Wegkreuzung südöstlich Bretonneux, dann seine Achtpfünder. Schon mittags aber fuhren die leichte und schwere Batterie Lecointe's südlich und nördlich der Eisenbahn auf. Immerhin hielt bis zuletzt diese Milizartillerie stand und die von uns erstürmte Verschanzung unter Kreuzfeuer. Mehr kann man doch nicht verlangen. Ihre Granaten bannten auch den rechten Flügel des 4. Regiments bis zuletzt fest, so daß es nicht von Südwesten her gegen Bretonneux ausschwärmen konnte. Dort blieb das 48. Mobile (Bessol) und 600 Mariniers in Reserve. Letztere gehörten zum 69. Marsch.

„Teufel, ist das ein Nebel! Kaum fünfzig Schritt kann man vor Augen sehen!" In der That hielt er bis Nachmittag an, wo er sich gegen zwei Uhr etwas verdünnte. Das ungeheure Geräusch einer sich vorbewegenden Armee, die ihre Impedimenta mit sich schleift, ward einerseits durch diese Dunstschicht gedämpft, verkleinerte sich auch andererseits durch die übergroße Ausdehnung, in welcher die deutsche Nordarmee sich vorbewegte. Die Entfernung der Flügel von einander betrug 24 Kilometer!

Als die Nachthelle in Tagesdämmerung überging, war die ostpreußische 3. Brigade angetreten, marschierte an und jetzt zum Angriff auf. Kurze Rast, wobei Stabsoffiziere in prächtigster Stimmung, auf gefällten Baumstämmen sitzend, plauderten.

„Aha, sie haben Holz gefällt ... wollten schon hier schanzen — weiterhin werden wir Verhaue und Schanzen treffen."

„Und sie bald von innen besichtigen! Die Kerle reißen ja aus wie Schafleder. Es ist ja alles Kanaille, zusammengelesene Bürgerwehr!"

Die Kolonnen waren fast heran; sehen die drüben nichts? Noch alles still.

Einzelne Kanonenschüsse fielen da plötzlich, wie abgefeuerte Alarmschüsse. Und gleichzeitig krachten preußische Kugeln durch die Zweige des Gehölz Gentelles und ertönten ein paar Flintenschüsse bei der Vorhut. Schon einen Augenblick hernach blitzten zahllose Schüsse vom Waldsaum auf, unkenntlich in ihrer fortlaufenden Folge. Zugleich eröffneten die preußischen Schützen, rasch ausgeschwärmt, ein lebhaftes Feuer. Kanonen- und Gewehr-

feuer erschallte im Osten und Westen. Es entspann sich ein nicht unbedeutender Kampf am nächst vorgelagerten Waldstreifen, die Rothosen sahen sich ins Gehölz hineingeworfen. Dort hielt sich jedoch das 20. Chasseurbataillon mit großer Tapferkeit gegen sechs Kompagnien unserer Vierer, trotzdem auf abgeholzten Waldstellen auch zwölf ostpreußische Geschütze auffuhren, bis ein Uhr, räumte dann das Dorf bis zur Windmühlenhöhe. Um halbdrei sammelte ihr Kommandeur die Chasseurs aufs neue.

Da es nicht hell werden wollte, übersah man nirgends das Einzelne. Sonst wäre es ein herrlicher Anblick gewesen, wie die ostpreußischen und rheinländischen Brigaden um die Wette stürmten. „Jetzt ist auch Kummer dran!" Nach dem Kanonendonner zu urteilen, der von Westen her mahnte.

Die übrigen Kompagnien des 4. Regiments führten um die Mittagszeit ein sehr hitziges Gefecht gegen Cachy, das Major Rosslin vom 69. Marsch, dessen anderen Teil Major de Linières dem General d'Ivoy überbracht hatte, bis 3½ Uhr aufs bravste verteidigte. Bei einem 300 m langen Vorstoß, zu dem dieser brave Offizier nur 450 Gewehre seines Bataillons fortriß, fand er den Heldentod. —

In Amiens hatte man noch die Nacht hindurch Maschinen für Pferd und Geschütz gezimmert, um sie rasch in die Schanzen zu schaffen: sobald sie die Fahrzeuge geleert, kehrten sie heim, viel schneller fahrend ohne Last, um neue hereinzuholen. Adjutanten sprengten hin und her, um die Truppen auf die weite Gefechtslinie zu instradieren. Da Bourbaki seinen ganzen Generalstab nach Süden mitgenommen hatte und Farre nur Genieoffiziere zu Generalstäblern verwenden konnte, mußte es eben gehen, so gut es ging. Jedes Bataillon marschierte für sich, so schnell es konnte, um den angewiesenen Punkt auf der endlosen Gefechtslinie zu besetzen, so daß sich das ganze Herbstgefilde um Amiens mit hin- und hermarschierenden Truppenkörpern bedeckte.

Südöstlich Bretonneux hatte man Bodenmassen, die zur Ausschachtung des Bahneinschnittes ausgehoben, zu Erdaufwürfen benutzt, die ein Drahtgitter umschloß. Die schwache eigentliche Besatzung dieser Schanzen, 350 Chasseurs, 200 Mariniers, blieb darin, ohne offensiv herunterzusteigen zu wollen. Dafür engagierte sich sofort die Brigade Lecointe. Hier lag die erste Entscheidung, als das 44. Regiment aus Bois Morgemont vorbrach, rechts vom 4. Schwesterregiment der 3. Brigade.

Von einheitlicher Leitung deutscherseits leider keine Rede! Unsere Vierer und 32. Brigade fochten schon lange, leider noch nicht die 15. Division, wie ursprünglich die Absicht veranlagt gewesen. Manteuffel blieb noch oben zurück, um zu sehen, wie es werde. Von Goeben verlautete nicht viel.

Die Franzosen, gegenüber Bois Morgemont und südlich Cachy, feuerten eine Zeitlang, gingen dann zurück. Sie hatten den Befehl gehabt, die Entwickelung der Ostpreußen zu hindern. In der That mußten die 4er sogar mehrere hundert Schritt weichen, ihren Patronenwagen näher heranziehen, und bis $^{1}/_{2}4$ Uhr rührte sich dort das Gefecht nicht vom Fleck. Die heldenmütigen Anstrengungen des Major Roslin, mit dem die meisten seiner Offiziere fielen, verfehlten nicht ihre befremdende Wirkung: so hatte man sich Milizen nicht vorgestellt, die fochten ja mindestens so gut wie die Metzer Troupiers! — Mittlerweile entwickelte Lecointe sein 46. Mobile mittags hinter Cachy und Gentelles und zwischen beiden Orten, sein 67. Marsch zwischen Cachy und Bretonneux. Die 19. Chasseurs gingen südlich der Bahn in Richtung auf Marcelcave in Stellung. Als sie nachher vorgingen, schloß sich ihr das Marinedetachement der Brigade Bessol an.

Erst jetzt erkannte Major Dallmer, der das 44. Regiment führte, vom Waldrand aus, daß die französische Linke nicht bei Cachy ende, sondern bis Bretonneux reiche. Aus den Erdwerken an der Bahn begrüßte ihn ein empfindliches Feuer. Unverzüglich beschloß er zu stürmen. Die Schanzlinie sperrte durchaus den Zugang im Zentrum. Man konnte ihr von der Flanke nicht beikommen. Es galt gleichsam die Durchfahrt durch diesen schmalen Sund zu erzwingen, in welchem man nicht wenden, sondern nur gradaus mit Volldampf den Kurs halten konnte: Aber die deutsche Kriegsgaleere hat immer denselben alten Kurs „Vorwärts"! Ohne zu zögern warf sich Major Dallmer mit neun Kompagnien auf die Schanzen, hinter deren Ecken jedoch keine dunkeln Ungetüme von Zwölfpfündern hervorlugten, wie westlich bei den Dury-Verschanzungen gegenüber Kirchhof und zerfallener Burgruine.

Es wird ernst. Unterm Nebelschleier stiegen hinter Gehölzen und Erdwerken und von jenseits der Bahn schwarze Rauchwolken auf: schwere französische Artillerie legte sich energisch ins Mittel, den Angreifer wegzufegen, der mit voller Kraft den Durchgang durchbrechen wollte. Eine preußische Batterie fuhr jetzt vor, hielt an, beschoß die feindliche Artillerie nördlich der Bahn. Die Ostpreußen ließen sich nicht aufhalten. Ohne das Gepäck abzulegen, durchwateten sie den aufgeweichten Sturzacker sprungweise bis auf 200 m heran. Sie hatten Befehl, unter allen Umständen den Schanzenriegel zu sprengen, und dem Befehle nachzukommen ist selbstverständliche Pflicht. Sturm! Das Signal erschallt. Ein furchtbares heißes Ringen. —

„Wir sind hinüber, die Sache ist gelungen", rief der Brigadekommandeur aus, der mit hoffender Seele dem Regiment durch den Nebel nachschaute. Durch einen gemauerten hochliegenden Eisenbahnübergang, wie über eine Brücke, drangen die Ostpreußen ein, sprangen in den klebrigen Lehmboden der Erdwerke hinab, wateten hindurch bis zur Kehle, unter unabläffigem Raufen. Schon begann zu ihren Füßen sozusagen die „Einschiffung" der schweren Geschütze, jener Zwölfpfünderbatterie, die man durch Massensalven abschlug und die sich schleunig in Sicherheit bringen mußte.

Aber der Gegner zeigte sich wacker und ließ sein Bollwerk nicht so ohne weiteres fahren. Stabsoffiziere jagten vorwärts, von Wenigen gefolgt, andere Offiziere eilten zu Fuß nach vorn, und binnen kurzem waren Versprengte so reichlich zusammengebracht, daß man sich an den Schanzen zu neuem Kampfknäuel staute. Und nun kamen frische Kräfte. „19. Chasseurs vor!" überbrachte Lieutnant Courson de Villeneuve, Ordonanzoffizier Beffols, die Ordre.

Deutscherseits ward alles darangesetzt, den gewonnenen Eisenbahndurchlaß zu verteidigen. Verwundete Offiziere ließen sich auf dem Rücken eines Musketiers hinauftragen, überall klomm man den steilen Rand hinauf. Um eine vorspringende Steinreihe ward erbittert gerungen, die Nachbringenden benetzten sich die Füße mit Blut, als alle Soutiens nach der Spitze hin dirigiert wurden. Französische Offiziere sprangen allenthalben Flüchtigen entgegen, hieben Einzelne derb über den Rücken und trieben sie wieder ins Feuer. Doch war dies selten nötig, da III 48. Mobilgarden, geradesogut wie Mariniers und Jäger, im ganzen eine mannhafte hervorragende Haltung bewährten. Auch dies Regiment nämlich hatte du Bessol vorgeführt. Nach 1 Uhr blieb Dallmer dauernd Meister in der eigentlichen Drahtgitterschanze, die naheliegenden Erdmassen eroberten die Franzosen jedoch zurück.

Das 44. Regiment hatte so immer die Spitze, der ganzen Armee voraus. Die 4er schwenkten links ab und drangen in scharfem Feuer vor. Aber das Gefecht stand. Bis auf 80 Schritt an die deutschen Schützen heranspringend, dann mit dem Bajonett in den Bahnübergang wieder eindringend, lieferten Moblots, Chasseurs, Mariniers gleichmäßig den kernigen Ostpreußen ein wütendes Nahgefecht, in welchem du Bessol selbst und der Jägerkommandeur verwundet wurden. Die Mariniers zwangen übrigens preußische Artillerie zum Weichen und bestrichen den Bahneinschnitt der Länge nach, unter den Lieutnants Canappe und Liénard.

Mittlerweile suchte das Rheinische Armeekorps den Feind bei Cagny umsonst zu fassen und zu umfassen. Wohl war, wie wir sahen, Derroja hier nach kurzem Widerstand aus Gehölzen gejagt, ihm ein paar hundert Gefangene abgenommen worden. Aber bald genug trat auf der ganzen deutschen Linie ein Zaudern ein, die Truppen konnten nicht recht vorwärts, der Gegner setzte sich kräftig genug zur Wehr. Seine höheren Offiziere sprangen ab oder stiegen wieder zu Pferde, je wie es der Augenblick heischte, um für diese jungen Landwehren, die noch nie im Feuer gewesen, sich gleichsam zu verdoppeln, als Beispiel voranzuleuchten. Es ging auch überraschend gut, die meisten zeigten sich überraschend brav, nur einige Moblotteile minder brav, um das Gelindeste zu sagen. Denn II 46 wich vor dem Granathagel bis hinter Cachy zurück, und dies Regiment Lecointes erlitt nur sehr mäßige Einbuße. Unsere 44er mußten inzwischen durchweg, da die wilden Anstürme französischer Bravour nach stundenlangem Ringen immer noch nicht erlahmen wollten, haltmachen, ihre nachrückenden Soutiens: das 1. Grenadierregiment zu erwarten. Vor ihnen lagen ziemlich bedeutende Hügel. Auf ihrer Kehrseite feuerten französische Batterien schon nach Boves-Gentelles, wo Division Kummer eingreifen sollte. Diese befand sich, dem Schall nach zu schließen, erst ungefähr in Höhe von Boves, nach der Luftlinie. Goeben, obschon aufmerksam die Bewegungen verfolgend, vermochte nicht, sein Corps einheitlich zu formieren. Zwar waren beide Divisionen nun allmählich zusammengekommen, aber nur die Vorderbrigaden konnten hinreichend ihre Kräfte verausgaben, es herrschte eine gewisse Schwerfälligkeit. Rechtshin hörte man auf der Flanke bei der Kavalleridivision zwar kräftiges Schießen der reitenden Batterien, sonst aber nichts. Da erscholl pas de charge und En avant auf der ganzen Linken des Feindes. Lieutnant Rappe, ein Schwede, Adjutant Lecointes, holte das 67. Marsch heran, dessen Flügelbataillon jedoch östlich von Cachy bie 19. Chasseurs unterstützte. Auch hierher schloß sich ein Bataillon der 48. Mobilen an, die heut mit wahrer Rüstigkeit sich beeiferten. Diese frischen Kräfte suchten hier den Deutschen die Flanke abzugewinnen. Dennoch gelang es den 44ern, sich vorn an der Bahnschanze und seitwärts rückwärts am Bois Morgemont zu behaupten, dagegen wurde der rechte Flügel des 4. Regiments aus den Waldzipfeln herausgedrängt. Ein Bataillonsadjutant mußte hier das Kommando führen, weil alle Offiziere verwundet.

Eine Krisis schien nicht fern. Beim Feinde spürte man allgemeine Angriffsbewegung, sein Artilleriefeuer hatte überhaupt nie aufgehört, er schien noch gar nicht erschüttert. Es mochte $2^1/_2$ Uhr sein, als die 4er aufs freie Feld hinausströmen mußten. III 46 und mehrere Kompagnien 20. Chasseurs von Nordosten, Teile Derrojas von Nordwesten nahmen Gentelles weg. Unter lautem Feldgeschrei stiegen Schlachthaufen von den Hügeln herunter und verwickelten sich alsbald in neues Gemetzel. Da plötzlich erhob sich Getümmel auf der Nordostflanke, fast schon im Rücken des französischen Vorbrechens, wie von Einbruch in die Stellung von Bretonneux: Die 1. Ostpreußischen Grenadiere, plötzlich angekommen, thaten ihre Heldenkraft kund. II 48. Mobile ward dort überrascht, zersprengt. Zwar Marinebataillon, 2. Chasseurs und Sappeurkompagnie warf Lecointe noch energisch vor. Doch nach kurzem, nicht sehr hartnäckigem Gefecht, bei welchem Offiziere beider Parteien schwerverwundet sanken, wurde die französische Linke glänzend niedergestürmt. Dutzende lagen mit eingeschlagenen Schädeln, wo der ostpreußische Kolben gewütet.

Das kam so. Das Milizfußvolk hatte bisher mit der auffallendsten, ungewöhnlichsten Tapferkeit gekämpft. Daß die wilden leidenschaftlichen Sturmläufe die 44er in ernste Bedrängnis brachten, bezeugt die Thatsache, daß ihr Hauptverlust nicht bei ihrer eigenen Erstürmung der Schanzen, sondern bei deren Verteidigung sie betroffen hat. Um so mehr Ehre für sie, daß sie mehr oder minder bis zum Schlusse blieben, wo sie standen. Freilich hatten sie Patronen nicht geschont, vier verschiedene Kompagnien hatten allein 40 000 verschossen! Und ihre Erschöpfung war eine derartige, daß sie nach Sonnenuntergang den blendenden Schlußakt der Schlacht unmittelbar vor ihnen bei Bretonneux thatlos mit ansahen und den Siegeslauf der 1. Grenadiere nicht mitmachten. Doch auch die Spannkraft der braven Brigade Bessol ging zur Neige, Lecointes Artillerie hatte sich beinahe verschossen, das artilleristische Übergewicht des ostpreußischen Korps machte sich schneidend fühlbar. Man darf sich daher nicht wundern, daß nach Angabe eines Mitkämpfers beim so tapfern 48. Mobilregiment große Verwirrung einriß, und daß auch die Offensive des 46. Mobilen, trotz des guten Beispiels der 20. Chasseurs, im Zentrum nicht recht fort wollte. Obschon es seit 2 Uhr klarer geworden, sah man die gedeckt liegenden Deutschen an den südlichen Waldstücken nicht, nur der Dampf ihrer Batteriekette war sichtbar, und so vermochten diese blutjungen Rekruten das freie Feld nicht zu halten, ihre Schützen wichen zweimal auf die Soutiens zurück, doch stellte der Regimentskommandeur die Ordnung in den wankenden Reihen wieder her und setzte beim dritten Mal ein Vorgehen bis Berteaucourt durch, als die 4er auf Domart abziehen mußten. I II 67 Marsch brangen östlich vom in Brand geschossenen Dorfe Cachy mit Mut vor, und diese verzweifelten Angriffe hatten eben den Erfolg, unsre 3. Brigade teils zu werfen, teils festzubannen. Bei den Vierern hatten zwei Kompagnien allein 67 500 Patronen verschossen! Man darf aber nicht vergessen, daß die Franzosen in diesem dreistündigen Ringen bis 4 Uhr durchweg angriffsweise verfuhren, also herbe Verluste hatten gegenüber der bewährten Schußfertigkeit preußischer Infanterie und kaltblütigen Treffsicherheit preußischer Artillerie. Deshalb wird man gutthun, Lecointes Initiative zwar im Prinzip zu billigen, doch in diesem besonderen Falle zu bedauern. Viele Brave wurden nutzlos hingeopfert, da eine von Preußen ausreichend besetzte Stellung überhaupt nicht zu nehmen ist. Bei den peinlichen Verhältnissen würde man es lieber gutheißen müssen, wenn Lecointe sich auf fernere Abwehr beschränkt und vor allem seine äußerste Flanke stark gesichert hätte. III 67 Marsch, das südlich am Wege nach Bretonneux stand, hätte besser an diesen wichtigen Punkt selber gehört; es veränderte aber seine Aufstellung nicht einmal bis zum Schluß, blieb also in Reserve, wie sein lächerlich kleiner Verlust (16 Köpfe) zeigt, statt sofort gegen die 1. Grenadiere abzumarschieren. Hier hat es zuletzt doch an einheitlicher Leitung gefehlt, die Überraschung that ihr Werk, man verlor den Kopf.

Der Moment war gekommen, wo bei ebenbürtiger Tapferkeit ein Zusatz frischer Kräfte den Umschwung erzielt. Und hier brachte ein Minimum die Entscheidung. Die Korpsartillerie hatte nämlich 90 Grenadiere auf Protzkästen mitgenommen, von denen 63 unter Premierlieutnant Gerlach sich alsbald zu tollkühnem Handstreich sammelten. Sie fielen 3½ Uhr den Schützengruppen südlich Bretonneux in die Flanke, rollten sie auf und bahnten so nachfolgenden Grenadierkompagnien den Weg, die überraschend über die Waldschlucht von Hangard herüberkamen und um 4 Uhr einen zweiten Erdaufwurf mit Schützengräben, nördlich der von den 44ern genommenen Schanze, an einem Wegknoten im ersten Anlauf eroberten. Obschon nur die Hälfte der Grenadiere zum Schlagen kam, gaben diese 1300 Gewehre doch den Ausschlag. „Die Artillerie fährt ab!" ging der Schreckensruf durch die mürbe Brigade Bessol, als sämtliche Vierpfünder in schnellster Gangart das Feld räumten. Dies Wanken wahrnehmend, stürzten sich die Grenadiere direkt auf Bretonneux. Schon seit einer Stunde war die Novembersonne untergegangen, man schlug sich in tiefem Dunkel in den Dorfgassen. Um den Bahndamm und die Chaussee Peronne-Amiens zu erreichen, mußte man Drahtzäune an steilen Böschungen niederreißen. Aber es ging alles, weil die französische Gefechtskraft gebrochen war. Die Verluste auf diesem Flügel waren schwere. Die kleine Heldenschar Gerlach verlor ein Drittel, eine Kompagnie 44er mehr als ein Viertel, das Marinebataillon 268 Mann, die 19. Chasseurs gar 60 Prozent.

Aber das Ganze sah dennoch nicht günstig aus, bloß ein halber Erfolg. Die Rheinländer hätten eigentlich Befehl haben sollen, Amiens nicht anzugreifen, damit das Umgehungsprojekt

ausreifen konnte, das Manteuffel gegen Bretonneux hin von vorn=
herein veranlagt haben mußte. Aber man ließ keine Zeit zum
Reifen, und die Umgehung selbst stieß nur auf eine Front, weil
Farres Aufstellung sich weiter erstreckte, als man glaubte.

Die kleine Milizarmee vernagelte einige Festungskanonen und
schickte sich zum Abzug an, Übergangspunkte der Somme in Brand
steckend. Nach geringem Tiraillieren schwieg die Schlacht sich abends
ganz aus, man verlor noch Leute durch Fernfeuer, aber niemand
wollte mehr. Die Deutschen, ermüdet und erschöpft, rasteten. Nur
noch vereinzelte Schüsse kamen aus Amiens. Die Räumung bei
Nacht erzeugte grelle Bilder von Unordnung und Flucht. Dies alte
Laster von Volksheeren: rascher Umschlag der Stimmung bis zur
Panik und Demoralisierung trat betrübend zu Tage, nachdem man
im Kampfe selbst vollauf seine Schuldigkeit gethan. Man schätzte
die Gefangenen auf angeblich 800, die sich, Offiziere an der Spitze,
ergeben hatten. Doch leugnete keiner mehr, daß ein solcher Wider=
stand nicht erwartet worden und dieser Feind viel ernster zu
nehmen sei, als man gehofft hatte. Vielleicht wirkte dies psycho=
logisch mit, daß die ganz frischen Reitermassen in geradezu schmäh=
licher Weise jede Verfolgung einstellten. Die deutsche Nordarmee
selbst fühlte sich geschwächt, über 1300 Köpfe hatte ihr dies un=
beholfene Treffen gekostet, dem Feinde 266 Tote, 1117 Verwundete.
In Bretonneux allein fand man 600 Verwundete.

Der „General der Kavallerie" v. Manteuffel erschien auf dem
Schlachtfeld und sprach sich befriedigt aus. Seine persönliche Er=
scheinung war soldatisch, aber nicht sonderlich einnehmend und
stattlich. Seine unregelmäßigen Züge, sein etwas struppiger Bart,
gaben ihm ein zwar männliches, aber nichts weniger als schönes
Aussehen. Merkwürdigerweise war gerade er hervorragend als
Diplomat thätig gewesen, was man seinen schlichtvornehmen, doch
keineswegs eleganten Manieren nicht ansah. Gerade ihn hätte
man für einen bloßen Haudegen gehalten, nur seine klugen listig=
blitzenden Augen verrieten unleugbar hohe Intelligenz. Er besaß
lebhaften litterarischen Bildungsdrang wie Goeben, besaß noch um=
fassendere allgemeine Weltbildung und nahm alle Dinge ernst.
Gewissenhaft und sorgsam, unermüdlicher Arbeiter, entfaltete er
auch vorzügliche Charaktereigenschaften. Einer der altmärkischen

Familien entstammend, durch Konnexionen jeder Art begünstigt, von persönlichstem Einfluß bei Hofe, ein Freund des Königs, stieg er als Soldat doch nicht rascher zu höheren Graden auf, als der jüngere Hannoveraner Goeben, der — nach Unterbrechung seiner Carriere durch das Carlistenabenteuer — erst verhältnismäßig spät nach Wiedereintritt in preußischen Dienst neuerdings als Lieutnant begonnen hatte. Im Gegenteil blieb Manteuffel eine Zeit lang etwas zurück, hatte jedoch 1866 als Rangältester im Mainfeldzug den Oberbefehl über Goeben gehabt. Letzterem fiel der Löwenanteil des Erfolges zu, und Manteuffel selbst erklärte mit dem ihm eigenen Pflichtgefühl offen, er fülle seine Stellung nicht aus. Sein Auftreten bei Colombey und Noisseville hatte jetzt sein Prestige erhöht, doch war er als Feldherr unzufrieden mit sich, und das nagte an ihm. Goeben sah auf ihn herab und er, ganz Kavalier, neidlos, ordnete sich innerlich dem Kollegen unter. Aber ob wirklich mit Grund? Persönlich sehr brav, also zu Wagnissen bereit, litt er freilich an Bedenklichkeiten, gerade weil er seine Aufgabe so ernst nahm. Thatsächlich gebrauchte er Zeit, um die Kriegsdinge nach jeweiliger Entwickelung in sich aufzunehmen, dafür packte er fest zu im Durchführen des einmal Erfaßten. Er selbst hatte ursprünglich die Konzentrierung seiner Armee abwarten wollen, Goeben aber, der rein offensiv angelegte, ihn bewogen, sofort mit dem Verfügbaren loszuschlagen, um in die bedrohliche Ansammlung feindlicher Streitkräfte hineinzufahren.

Dies Draufgehen stellte sich nun einfach als Fehler heraus: man lieferte mit unzureichenden Kräften dem Gegner ein taktisch unentschiedenes Gefecht, das im Grunde dessen moralische Stimmung hob und zugleich den eigenen Truppen die peinliche Überraschung brachte, daß diese verachtete Milizarmee sich mindestens so wacker schlug, wie die Troupiers von Metz. Man hemmte hiermit keineswegs das Ausreifen der Neuorganisation im Norden Frankreichs, sondern gab ihr einen frischen Stachel, während ein Zuwarten, um mit gesamten 45 000 Gewehren und Säbeln der Deutschen Nordarmee zu schlagen, den auch dann noch unfertigen Gegner völlig zermalmt haben würde. Die wirklichen Erfolge Goebens sind einfach erst eingetreten, als die Zeit erlaubt hatte, die deutschen Kräfte im Norden vollzählig, ja noch weiter verstärkt,

zu versammeln. Vorher freilich wiederholte sich der November=
fehler auch noch im Dezember, Manteuffel handelte aber auch
hierbei meist in Übereinstimmung mit Goeben, so daß die scharfe
Kritik, die man an Manteuffels Verhalten später anlegte, recht
ungerecht dem unbewußten Zwecke folgte, Goebens eigene selb=
ständige Leistung in besonders helles Licht zu setzen. — —

Faidherbe war freilich wie Goeben, dem er auch äußerlich
als „général savant" und Brillenträger zu gleichen schien, unter
scheinbarer Kühle und sogenannter Bescheidenheit recht sehr von
seinem Können durchdrungen, von seinem Verdienste eingenommen.

Widerspruch regte ihn auf, jede Kritik war ihm unerträg=
lich, dabei beargwöhnte er die Motive anderer. Seine Ansichten
waren allein maßgebend. Sonst geziert würdevoll und reserviert,
machte er seinem Ärger über Einwürfe in maßloser Weise Luft.

Dann schwatzte er hastig, bissig, spitzig, verriet eine krankhafte Eitelkeit. „Da hören Sie bloß," schrie er wütend, „dieser Kerl da, der Journalist von der ‚Pall Mall Gazette' macht mir meinen Vollbart zum Vorwurf, ich sähe mehr wie ein Gelehrter als wie ein Soldat aus!" Und wirklich ließ er sich deshalb den Bart abnehmen! Die Urteile der Presse verschlang er gierig. Allgemeine Anerkennung, Lobhudelei seiner neuen Größe, war seiner Eigenliebe ein Ziel, aufs innigste zu wünschen. Dabei aber legte er mit pedantischer Kleinlichkeit allen Wert darauf, daß man seine Anstrengungen auch ja genau kenne und richtig taxiere. Er wollte über die öffentliche Meinung erhaben sein und war nur ihr Knecht. Er klagte, daß Kritteler ihm unrecht thäten, nicht die Ehrlichkeit seines Wollens in Rechnung brächten und mehr verlangten, als er leisten könne. Dies scheinbare Bedürfnis nach Gerechtigkeit entsprach nur seiner beschränkten egoistischen Auffassung und hob ihn deshalb nicht über persönliche Dinge weg, wie diejenigen, die nur der Sache wegen handeln. Rechtlich und ehrenwert im bürgerlichen Sinne, war Faidherbe ein solider Organisator, ein wackerer General, aber erhob sich als Feldherr nur wenig über die Mittelmäßigkeit.

Über rascheren Feldherrnblick verfügte Goeben sicher. Der war nichts weniger als ein „gelehrter General", wie Zastrow, Voigts-Rhetz oder gar sein Freund Moltke, dessen feine litterarische Bildung und dessen „klassischer", wenigstens vorzüglich abgefeilter Stil keineswegs in Goebens schriftstellerischen Versuchen erkennbar wird. Als Chef des Generalstabs, wozu er einmal an Moltkes, ein andermal an Blumenthals Stelle ausersehen werden sollte, wäre er nicht an seinem Platze gewesen. Er war recht eigentlich der geborene Truppenführer. Wie so oft im Kriege die Martialischen sich als die minder Kühnen herausstellen, so schien auch Goebens äußere halbcivilistische Erscheinung — er zog sich oft aus Furcht vor Kälte, die er wohl als Anämiker verabscheute, reglementswidrig an — ein lebendiger Widerspruch zu seinem Innern und zu seinem Thun. Niemand war mehr „Batailleur", als dieser hagere, kränklich aussehende und thatsächlich herzkranke Brillenträger mit der breiten blassen Stirn und dem spanischen Knebelbart. Die Schlacht war sein Element, erst in der Todesverachtung wurde ihm wahrhaft wohl. Kein einziger kommanbierender General, außer dem schneidigen Bose, hat sich so dem Feuer ausgesetzt, die Gefahr möglichst mit dem gemeinen Soldaten geteilt, wie dieser „Denker". Er war ein Held im schönsten Sinne des Wortes, ein Ritter ohne Furcht und Tadel, wohlwollend, gütig, edel und liebevoll, das Herz voll Hingebung für Gattin, Familie, König und Vaterland und seine „Soldatenkinder", die er väterlich liebte. Das vergalten ihm die Truppen, obschon der wortkarge ernste Mann, bei aller Schlichtheit von unnahbar vornehmer Haltung, sich keineswegs mit ihnen gemein machte und jede Familiarität fernhielt, mit geradezu abgöttischer Verehrung. Das schon vor Düppel als Armeeparole ausgegebene Feldgeschrei „Goeben" blieb gleichsam seinem ganzen Armeecorps ins Herz geschrieben, und es fehlte nicht viel, wäre „Hurrah, Goeben!" ein besonderer Schlachtruf seiner Rheinländer geworden. Schnell und kühn wie kaum einer, ein meisterlicher Handhaber der Taktik in Marsch und Kampf, war er ganz der Mann danach, den zu bedächtigen Faidherbe, sobald dieser sich auf einem Fehler erwischen ließ, auf frischer That zu ertappen. Ihm schien Murats Wort „Im Krieg heißt reussieren — wagen!" aus der Seele gesprochen. Immer etwas aufs Spiel setzen, das Glück versuchen — leider von Jugend an auch am Spieltisch, zur Zerrüttung seiner Privatfinanzen — blieb der Grundzug dieses Charakters mit einem Stich ins Abenteuerliche, wie seine Carlistenthaten und seine Streiferei nach Marokko darthun, und wie man es ja manchmal durch eigentümlichen Widerspruch der Natur bei kühlprosaischen Norddeutschen findet.

Daß er unter den deutschen Korpsführern der Begabteste war, sei nicht geleugnet. Das berechtigt noch nicht dazu, ihn mit den höchsten Lorbeeren zu schmücken. Wohl geziemt es sich jedoch, das Heldenbild August v. Goebens in Ehren zu halten, als Typus eines echtgermanischen Helden, friedfertig, mild, wohlthätig — im Geheimen und in edelster Weise — von großer Klarheit und Freudigkeit im Denken, dabei voll Gemütstiefe und nicht ohne Anflug von Mystik. Nur aber ‚genial' darf man ihn nicht nennen.

Rouen besetzt! In Dieppe netzen schwellende Wogen den Huf rheinischer Rosse, und das Meer braust melodisch vom Strand herauf zu Goebens Balkon. —

Aber der Feind rückt, neuorganisiert in größerer Stärke denn zuvor, auf Amiens los, wo Goeben seine Brigaden dicht um die Stadt am linken Somme=Ufer konzentriert. Der kalte hellblaue Himmel ließ keinen Schnee erwarten, dafür Frost. Das Thermometer sank vor Weihnachten auf 5° unter Null, am Abend auf 8°, später noch tiefer.

Um das moralische Prestige zu heben, beschloß Manteuffel sofortigen Angriff am Tag vor Weihnachtsabend. Da man Rouen festhalten wollte, fehlte wiederum wie in der Schlacht von Amiens der größte Teil des I. Korps. Die Gesamtmacht von rund 26 000 Mann befand sich keineswegs in der Minderzahl, wenn man 7500 Nationalgardisten drüben abrechnet.

Die Angriffsdisposition rechnete darauf, dem Feind Besorgnis für Flanke und Rücken einzuflößen. Kanonendonner von der Kehrseite wirkt auf unsolide junge Truppen gewiß erschreckend. Goeben, der sich heut früh drei Pferde hinausbestellt hatte, befand sich guter Dinge. Im Laufe der Schlacht begab er sich mit dem Stabe bis zu einer Stelle vor, wo eine volle Stunde lang Granaten links und rechts einschlugen, trotz alledem aber kein schwirrender Granatsplitter im Stabe Mensch und Pferd verletzte. So liebenswürdig benahm sich die französische Artillerie auf andern Punkten keineswegs, besonders die Matrosen ihrer Bedienung schossen sehr gut und doch zählte sie nur 78 Geschütze, die I. Armee besaß wiederum 30 Geschütze mehr. Dagegen hatte Faidherbe sein Fußvolk so ansehnlich verstärkt, daß die früheren vier Brigaden genau verdoppelt waren. Das 22. Korps der Nationalverteidigung unter Lecointe umfaßte Divisionen Derroja und du Bessol (beide zu Generalen ernannt); das 28. Korps unter Paulze d'Ivoy die Division des Schiffskapitäns Payen (darunter ein Regiment Marinefüsiliere), noch lange nicht vollzählig, und die mobilisierte Nationalgarde des Generals Robin. Für die Mehrzahl letzterer hatte man keine andere Bewaffnung auftreiben können, als Vorderladekarabiner und Snyderbüchsen amerikanischen Systems. Sämtliche Subalternoffiziere wählte diese biedere Bürgerwehr, wie sie nicht sein soll, sich selber. Als Bataillonskommandeur hatte man z. B. einen Zuavenfeldwebel im Ruhestande, als Regimentskommandeur einen Kavallerieleutenant a. D., einen Artilleriewachtmeister und zwei Zivilisten, als Divisionsgeneral einen Marinekapitän a. D. Die Mannszucht in diesem Korps der Rache war dementsprechend, das beste an der berüchtigten Division Robin noch ihre beiden Gebirgsbatterien. Und dennoch, o Wunder über Wunder, hat selbst diese Jammertruppe gleich anfangs Courage gezeigt, dann im Kriege durch den Krieg selbst zuguterletzt noch Haltung gewonnen und erträglich abgeschlossen.

Auch waren die Deutschen sieggehärtete Veteranen, die teils Spicheren und Vionville, teils Colombey und Noisseville miterlebt hatten; das ganze Rheinische Korps hatte einen der furchtbarsten Kämpfe aller Zeiten bei Gravelotte durchgemacht. Solche Kerntruppen durchdrang natürlich, zumal der gemeine Mann ja von Kriegsgeschichte nichts kennt als patriotisch einseitige Übertreibungen, die feste Überzeugung, daß sie nicht nur ersten Ranges, sondern schlechtweg unüberwindlich seien: die Preußen ohnehin die einzigen guten Soldaten und dies Heer das erste der Welt, die Offiziere Halbgötter und die Höchstkommandierenden Götter.

Mit kühler Ruhe sah jedoch Faidherbe dem Zusammenstoß entgegen. „Ich stehe also", setzte er seinem tüchtigsten Adjunkten, Lecointe, die Lage auseinander, „mit Ihrer Division Derroja rechts von Frechencourt bis Vadencourt. Beaucourt und Contay. am Westufer der Hallue bleiben besetzt. Division Bessol schließt sich daran über Pont=Noyelles, am Westufer Querrieux und Bussy festhaltend. Dann kommt Payen bis Bequemont=Daours, im Hacken rückwärts gebogen bis Corbie. Die Bande von Robin, die gestern wieder zwei Armee=Brotwagen plünderte, schaut im zweiten Treffen hinter Derroja zu, von Franvillers bis Warloy, hat jedoch ihr 1. Regiment an den Sommeübergängen verteilt östlich Corbie. So wird unsere Linke durch die Somme, unsere Rechte durch die Hallue gedeckt. Die Chausseen Amiens=Arras, Amiens=Albert, Amiens=Corbie, auf denen der Feind von Westen kommt, liegen unserer schönsten Feuerzone ausgesetzt. Unser Ostufer bildet ein förmliches Glacis für die Hochfläche — da kommt keiner heil herüber. Und die Gewässer vor der Front sind unsere Festungsgräben." Das hieß als Ingenieur sprechen. Aber dann hätte er auch für Anlage regelrechter Befestigungen und reichlichen Munitionsersatz Sorge tragen sollen. Dies geschah aber ebensowenig, wie ein Herbeischaffen von Holz, Stroh und Proviant auf die nackte Hochfläche. Das Zelt=Biwak, das Faidherbe so sehr verpönte, hat gerade er seinen armen Rekruten dann zumuten müssen.

Der Vormarsch aus Amiens begann erst um acht Uhr morgens, für die Armeereserve, an deren Spitze der Oberbefehlshaber ritt, erst um elf Uhr. Division Barnekow sollte die feindliche Rechte umgehen, Kummer ihr Centrum festhalten. Die 8. Jäger blieben als Armeereserve nebst den acht Ostpreußischen Bataillonen etwas zurück. Es wurde mittag, als 24 Kanonen nördlich und südlich der mittleren Chaussee (nach Albert) im Feuer standen. Vom Ostufer antworteten alsbald 36 französische, über=

höhend von den bastionsartig vorspringenden steilen und bewaldeten Kuppen, die sich bei der Mühle von Lahoussoye bis über hundert Meter erheben. Das berühmte Ostpreußische Regiment des Goeben'schen Korps, Nr. 33, übermannte sofort die Besatzung von Querrieux — einige Kompagnien 18. Chasseurs —, stürmte über die Halluebrücke ins jenseitige Dorf Noyelles am Ostufer und nahm diesen Schlüssel der feindlichen Vorderstellung. Das 65. Regiment, das daran teilnahm, nistete sich südlich Querrieux längs der Hallue ein, wo sich ummauerte Parkanlagen fanden. Auch längs den Ufern der Hallue liefen zu beiden Seiten Baumreihen hin. Mittlerweile trabten achtzehn reitende Geschütze der Korpsartillerie heran, auf Goebens Ordre, eine weitere Batterie pflanzte sich bei der Ziegelei vor Bequemont auf. Darüber wurde es drei Uhr. Da Faidherbe eine Zwölfpfünderbatterie der Reserve zur Verstärkung sandte und die Divisionen Bessol und Payen (zur Zeit noch vom Kontreadmiral Moulac befehligt) schon selbst je eine Zwölfpfünderbatterie besaßen, so mußten die leichtkalibrigen deutschen Batterien sich mächtig anstrengen und verschossen pro Stück fast achtzig Granaten. Der 29. Brigade war es aber durchaus unmöglich, gegen Brigade Gislain (Mobile von Somme=et=Marne, 18. Jäger und das neugebildete 72. Marsch) Boden zu gewinnen. Die durchschnittlich sechshundert Meter breite Thalsohle der Hallue, deren Sumpfstrecken, Teich und Mühlengräben ohnehin genug Hemmnisse bieten, hielt man von oben her scharf unter Feuer. Obschon die Gehöfte von Noyelles Schutz gewährten, fingen doch die Strohdächer bald Feuer. Da die Hallue noch nicht zugefroren, blieb der Übergang auf die Brücken=Defilees beschränkt, also mit Opfern verbunden. Infolgedessen fruchtete es auch wenig, als die 28er der Schwesterbrigade nordwärts von Querrieux marschierten: sie mußten sich eiligst in den Schloßpark und hinter die hochstämmigen Uferbüsche bergen. Umsonst fällte man Bäume, um Stege hinüberzuwerfen. Dennoch brachen um halbvier Uhr die 33er frontal gegen die Höhen vor, erstiegen mit bewunderungswürdigem Mute (wie bei Gravelotte) mehrere Terrassen, legten sogar ihre Hand auf zwei feindliche Geschütze, wurden aber dann von II 101 Mobilgarden (Somme et Marne) und III 72. Marsch — ein Depotbataillon, das schon in anderem Regimentsverband bei Amiens gut kämpfte — zur Hallue hinabgestürzt. Als diese aber den Preußen hitzig auf dem Fuße folgten, machten letztere hinter einem Straßengraben am Dorfrand Kehrt, und als die ganze Brigabr Gislain, außerdem II 69 und das dazugehörige Marinebataillon der Brigade Foerster, von du Bessol zum Sturm auf Noyelles angesetzt wurde, wies die 29. Brigade, unterstützt von drei Kompagnien 28er den Stoß ab, nach furchtbarem Handgemenge. Das 68. Regiment hatte inzwischen Frechencourt verlassen gefunden und von dort, ohne die Hallue

zu überschreiten, sich mit Derroja herumgeschossen. Zwei Bataillone 4er ließ Manteuffel aus der Reserve heranholen, es blieb aber bei Royelles bald nichts mehr zu thun. Doch hatte dieser Kampf den vorzugsweise beteiligten Bataillonen II III 33 allein 10 Offiziere, 244 Mann, II 65 allein 6 Offiziere, 133 Mann gekostet.

Barnekow erhielt nach ein Uhr Befehl von Goeben, auf Beaucourt zu umfassen. Erst um vier Uhr fanden die 29er Fühlung mit den 68ern in Fréchencourt. Die 70er trieben das sorglos überrumpelte Moblotbataillon I 91 aus Beaucourt. An der Mühle von Béhencourt fand man Material für einen Brückensteg und um halbfünf stürmten die 29er schon am Ostufer, wo ihnen bei Béhencourt I 46 und I 91 Moblots recht beherzt entgegentraten. Aus allen Fenstern beschossen, würgten sich die 29er und 70er bis zur Ostlisière durch, als plötzlich ein ganz gewaltiger Stoß sie traf. Das 3. Nationalgardenregiment der Division Robin war aus der Reserve selbständig vorgebrochen und drang bis zur Mitte der Dorfstraße vor. Ganz verwundert über die eigene Bravour, machten die Mobilisés Halt, als sie einige glatte Salven in ihre unbehilflichen Haufen erhielten, und wichen mit Verlust von hundert Mann. Als jedoch 70er weiter auf Bavelincourt vorbrückten, griffen um 5 Uhr II III 91 Mobile das Gefecht wieder auf und drängten wiederholt auf Béhencourt. Seit dreieinhalb Uhr feuerten 36 rheinische Geschütze hier über die Hallue.

Während dieser Vorfälle am Nordflügel ging es am Südflügel bei Daours heiß her, wo die Hallue in die Somme fließt. I 33 und I 65 hatte Kummer hierher abgezweigt.

Die 33. Ostpreußen blieben ohne Aufenthalt im Vorrücken. Gleichzeitig zog das rheinische Jägerbataillon, das von Bretonneux her als erste Reserve auf dem Gefechtsfeld eintraf, während Bussy und Vequemont von I 65 genommen, hart an der Somme vorbei und schritt zum Angriff der östlichen Thalsäume. Entschlossen am Flußbett vorgehend, bei einer Schleuse übersetzend und die Fabrik von Daours im Rücken fassend, trieb man die entgegengesandten Abteilungen zurück und gelangte über den südlichen Arm der Hallue bis an den jenseitigen schwachbewaldeten Abhang. Aber nachdem man das an beiden Ufern gegenüberliegende Doppeldorf Vequemont-Daours besetzt und sogar die Spitzen bis vor den Flußrand vorgeschoben, somit die ursprüngliche Aufgabe erfüllt hatte, vermochte man auf dieser Seite das Plateau nirgends zu erreichen. Die Höhen erwiesen sich stark besetzt, auch hier und da durch Verhaue und Lehmaufschichtungen erheblich verstärkt. Auch am anderen Flügel schritt man umsonst zum Angriff. Am Flußsaum lag der Feind dicht hinter Steinaufwürfen, hier und da auch in Schützengräben, die Preußen waren beim Dorf- und Waldgefecht sehr durcheinander gekommen und wurden vom steil ansteigenden Höhenhange her durch starke feindliche Massen aus der Flußmulde vertrieben. Wo Gehölz sich verbreiterte, setzte man sich zum Widerstand, im allgemeinen drängten die Franzosen den Gegner durch schwer zu durchschreitenden Thalgrund, sonst trocken und wasserlos, jetzt winterlich aufgeweicht und uneben.

Die Dörfer am Westufer hatten nur eine ganz schwache Besatzung gehabt: ein paar Kompagnien von 20. Chasseurs und III 44 Mobilgarden. Bessol mußte sich nämlich bis hierher ausdehnen, weil Division Payen-Moulac erst von Corbie in Anmarsch begriffen. Faidherbe hatte sie in ihre Stellung nicht früher einrücken lassen, weil er nicht wußte, ob nicht gegen Corbie ein Angriff erfolgen werde.

Das nachdrücklich zur Verteidigung vorbereitete und eingerichtete Bollwerk der Höhenstellung hinter der Hallue hatte Faidherbe als echter Ingenieur zu einer so festen Kampflinie gestaltet, daß jede Annäherung geschlossener Angriffskolonnen auf den mit ziemlich hohen Rändern eingefaßten Flußübergängen fast unmöglich und auch jedes Forcieren der tief eingeschnittenen Flußschlucht kaum erreichbar schien. Die Hallue streckte sich „wie ein Festungsgraben" längs der ganzen Höhenkette hin, und die Dörfer, die vorher als vorgeschobene Stellungen ein Hindernis für das Herankommen an die eigentliche französische Hauptfront gebildet hatten, konnten jetzt von oben her unter scharfes Geschützfeuer genommen werden. Die Flankenanlehnung der französischen Linie war im ganzen gesichert, doch hätte Manteuffel immerhin alles daransetzen müssen, um wenigstens gerade hier von der Ostflanke her einen Einbruch zu erzielen. In Corbie stand nur noch Fregattenkapitän Lagrange, dessen ganze „Brigade" damals nur aus dem 47. Mobil bestand.

Goeben hätte dies mit kriegsgeübtem Auge bald genug übersehen. Aber es blieb diesem nichts übrig, als die schwierige Aufgabe, die wieder seinem Armeecorps zufiel, ebenso entschlossen zu erfüllen, wie bei Gravelotte. An weitere Offensive war nicht zu denken. Um eineinhalb Uhr meldete der Stabschef VIII. Korps dem Höchstkommandierenden persönlich, der Feind sei anscheinend bei Daours stark. Manteuffel befahl daher dem Generalstabsmajor Lewinski, die Armeereserve dorthin zu senden.

Das Gelände fiel sanft zur Hallue hin ab und bot dem Feinde Gelegenheit, seine Feuerkraft ausgiebig anzuwenden. Jeder Sturm in diesem Raume, der frei und offen lag, hätte vergebliche Opfer gekostet und dann vermutlich Faidherbe Veranlassung gegeben, all seine Reserven zu starkem Gegenstoß zu verwerten. Man beschränkte sich also auf hinhaltendes Gefecht, ohne weiter das Flußbett zu überschreiten. Seinerseits setzte nun freilich der Feind seine Truppen zum Angriff gegen Südosten in Bewegung. Kanonendonner und Lärm des Chassepotfeuers schallte von Flügel zu Flügel herüber.

Das Marinefüsilierregiment war von Payen gegen Daours vorgesandt worden, es nahm jedoch nur ein Bataillon dieser Elitetruppe am Ringen um Daours teil, offenbar weil man gegen etwaige Flankenunternehmung bei Corbie Reserven sparen wollte. Um zweieinhalb Uhr befand sich II 48 Mobil, das sich bei Amiens so tüchtig geschlagen hatte, hier im Gefecht, vermochte aber gegen Schußfertigkeit rheinischer Jäger nicht aufzukommen.

Getrennt durch die Flußarme, schoß man sich herum, bis II 48 mit Elan bis zur Nordkirche vorstürmte, dort aber unterm Feuer von zehn preußischen Kompagnien zusammenbrach und sich in die umgebenden Häuser des Kirchplatzes flüchtete. Da traf I 48 ein und nahm rechtzeitig die Trümmer auf. Viereinhalb Uhr.

Es folgten deutscherseits neue Versuche, auf dem freien Gelände aufwärts zu bringen, die aber alsbald aufgegeben werden mußten. Feind und Stellung gegenüber erwiesen sich zunächst übermächtig. Auf der Höhe nördlich Daours unterhielt ein Halbbataillon 19. Chasseurs ein wohlgenährtes, empfindliches Feuer. Sowohl Chasseurs als Moblots hielten festen Stand. Wo sie freilich aus ihrer weithingedehnten Schützenlinie vorbrachen, überschüttete sie ein solches Schnellfeuer der kaltblütigen Nordländer, daß ihr heißes Blut sich bedenklich abkühlte. Doch brachte I 48 die deutsche Offensive zum Stehen, die nicht über den Nordrand hinausgelangte, bis auch das 3. Ostpreußische Regiment von Manteuffel aus der Reserve hierher beordert wurde. Die deutsche Artillerie, weiter vorgeführt, suchte engere Fühlung mit dem Vordertreffen der Infanterie und verlängerte ihren stählernen Kreis. Ein vernichtendes Feuer verhinderte die Ausführung französischer Angriffspläne und hielt den lauernden Gegner in Schranken, hielt jedes Aufbrodeln seines Elans wie mit eisernen Schrauben nieder.

Doch ließ diese Kanonade keineswegs das französische Geschützfeuer verstummen, wie die Deutschen dies früher den Kaiserlichen gegenüber sozusagen gewohnt gewesen waren. Die tapfern Milizbatterien gingen sogar mehrfach in Staffeln nach vorwärts in offensiver Richtung, ihre Munitionskolonnen rückten dicht an die Hallue. Das lange Ringen um Pont-Noyelles fügte mittlerweile den Deutschen wachsende Verluste zu, das ebenso lange um Daours hingegen erstaunlich geringe, weil man treffliche Deckung fand und der Feind schlecht zielte. Deshalb gewannen die zähen Ostpreußen und Rheinländer überall Boden im Halbbogen zu beiden Seiten des Dorfes, vertrieben die Tirailleure aus den Außengehöften und nahmen den Ort endlich mit stürmender Hand. Ein Vorstoß des anderen Halbbataillons 19. Chasseurs, brillant durchgeführt, kostetete umsonst die Hälfte der Mannschaft. Fünf Uhr. Der Gegner wehrte sich noch einige Zeit — insbesondere die Chasseurs bis Einbruch der Nacht, später nochmals vom Kapitän Payen zur Wiedereroberung vorgeschickt — fühlte sich aber empfindlich geschwächt und zog es vor, auch diese letzte Vorderstellung zu räumen. Der größte Teil der Besatzung wartete daher den letzten Zusammenstoß nicht ab, sondern kehrte zur Hauptlinie des Hallue-Plateau zurück. Doch räumten Marschjäger und Marineinfanterie an mehreren Punkten diesen wichtigen Stützpunkt nicht ohne energisches Handgemenge, das freilich eine Menge unverwundeter Gefangener in preußische Hände lieferte: abgeschnittene Verteidiger einzelner Gehöfte, vornehmlich von II 48. Durchs Eingreifen des 3. Regiments gewannen die Deutschen hier Übermacht.

Aber mit der Einnahme von Pont-Noyelles und Daours hatte man für weiteres Vordringen wenig gewonnen, ferneren Fortschritten rief die verschanzte Hochfläche ein donnerndes Halt entgegen, deren Erstürmung das nächste, das Hauptziel hätte werden müssen. Manteuffel hatte jetzt alle Reserven vorgezogen, die er noch heranbringen konnte, als ob es gelte, eine volle Entscheidung zu erzwingen. Die Division Barnekow setzte sich neuerdings in Bewegung, ihr befahl Goeben jetzt entschiedenes Andrängen. Zahlreiche Batterien setzten sich auf diesen Flügel, neue waren aus der Reserve hierher entsendet. Aber auch die Offensivkraft der Franzosen erreichte noch nicht ihr Ende, schwerer Kampf erneute sich allenthalben. Es wollte der an Zahl so sehr überlegenen deutschen Artillerie trotz ihrer Vorzüglichkeit nicht gelingen, die feindliche zum Schweigen zu bringen. Dagegen schlugen die Granaten mit ansehnlichem Erfolg in die Sturmsäulen ein, die sich oberhalb der Hallue nach der Tiefe bewegten. Das stürmische Vorbrechen der Rothosen gegen die Dörfer brachte ihnen erhebliche Verluste, doch wiederholten diese braven Milizen ihre Stöße, bis sie mit Ausweichen auf Deckungen und hinter Einschnitte endeten. Im allgemeinen scheiterten beiderseits alle Vorstöße, und der Eifer französischer Führer, frische Bataillone vorzuführen, hatte kein anderes Ergebnis, als daß diese Truppen auch wieder aus dem Feuer zurückgezogen werden mußten. Zwischen fünf und sechs Uhr wollte Payen, der sehr nahe (400 m) vorm Nordeingang hielt, einheitlichen Angriff auf Daours in Scene setzen, ohne jedoch die bisher engagierten vier Bataillone erheblich zu vermehren. Obschon bis zum Dorfrand reichend, zerschellte der Stoß. Mörderisches Verfolgungsfeuer lichtete die Reihen.

Da man nicht wissen konnte, nach welchem Teil des Schlachtfeldes Faidherbes Hauptreserve abgerückt sei, vermochte man deutscherseits auch nichts Einheitliches zu disponieren. Es blieb daher bei endloser Zersplitterung der Infanterie. Die Kavallerie lungerte völlig thatlos, hier ausnahmsweise durchs Gelände entschuldigt, das ihr sonst in der Picardie so überaus günstig war. Da die Artillerie heute, wo am linken Flügel neun Batterien nur sieben Granaten pro Stück verschossen, im ganzen wenig ausrichtete, blieb die preußische Infanterie wesentlich auf sich allein angewiesen, für sie nur eine neue Probe ihrer Unüberwindlichkeit. Ein verheerendes Schnellfeuer empfing die stürmenden Franzosen. Mehrfach mußten sie sofort nach dem Aufmarsch sich dem Flußabhang wieder hinunter und zur jenseitigen Höhe hinaufziehen. Auch einzelne tapfer vorgefahrene französische Batterien stellten nach wenigen Schuß ihr Nahfeuer ein, obschon keine einzige gefechtsunfähig wurde (z. B. bei Daours gegen die rheinischen Jäger).

Besser erging es den Franzosen im Norden bei Bavelincourt. Sie erlitten zwar auch Verluste, erreichten aber die Ostspitze des Dorfes und behaupteten sich gegenüber Béhencourt (deutsche 70er) in dieser neuen Stellung. Auch setzten in vorderster Linie einige hart mitgenommene Milizbatterien, obschon sie fast alle Zugpferde und viele Kanoniere (z. B. zwei Batterien 42 Mann, 43 Pferde) verloren, ununterbrochen ihr Feuer fort und gaben ihrer Infanterie einen festen Halt. Auch in der Dunkelheit gewährten die Dorfbrände am Fluß unten einen passenden Zielpunkt. Die in den Marschregimentern verteilten Veteranen=Troupiers ermunterten durch ihr Beispiel die jungen Mobilgarden. Bei den Deutschen aber bedurfte es dessen wahrlich nicht. Aushalten im Feuer! war diesen ausdauernden Ostpreußen und kühnen Rheinländern in Fleisch und Blut übergegangen. Sie kannten ja Schlimmeres bei Colombey, Noisseville, Gravelotte und Rezonville.

Man konnte um vier Uhr schon gar nichts mehr ordentlich sehen, infolgedessen die deutsche Batterielinie linken Flügels bei Beaucourt schon nach vier abfuhr. Gegenseitige Vorstöße prallten aufeinander. (Z. B. zwischen Bavelincourt und Béhencourt, wo die nichtsahnenden Moblots von Pas de Calais in voller Dunkelheit auf zwanzig Schritt Schnellfeuer bekamen.) Bei dem Wirrwarr und der Dämmerung kam es leider ein paarmal vor, daß zu weit vorgeprellte preußische Truppen von den Ihren im Rücken beschossen wurden oder wenigstens die Empfindung hatten, der Feind stehe ihnen im Rücken, ebenso sich Granaten in von Preußen besetzte Dörfer verirrten, in der Annahme, daß letztere in Besitz der Franzosen gelangt seien (z. B. in Béthencourt). Das nämliche passierte auch französischerseits, daß französische Trupps sich gegenseitig beschossen (z. B. beim ersten Vorstoß der Moblots Somme=et=Marne, die von II 72 bei ihrem Zurückweichen für Preußen gehalten wurden, wodurch beide Bataillone in Unordnung gerieten. Es gereicht den Moblots nur zur Ehre, daß sie trotzdem später wieder energisch angriffen).

Als Faidherbe sich genügend weit vorbegeben hatte, um die Gesamtlage zu überschauen, schien ihm beim Stande des Gefechts nunmehr noch nicht geboten, auch die letzte Reserve einzusetzen. Um eine günstige Entscheidung des kurzen Schlachttags noch vor Sinken der Nacht herbeizuführen, hatte er schon früher Unterstützung bei Daours und Pont=Noyelles vorbereitet, sich sodann für seine Person nach Corbie begeben, wo sich der Civilkommissar Testelin aufhielt. Ebenso war eine Flankenumgehung von Contay aus am Westufer der Hallue in Aussicht genommen, die 2. Chasseurs und I II 67 Marsch (Derroja, Brigade Aynès, zu der auch das 91. Mobile gehörte) waren hierzu im Anmarsch begriffen. Um $1/_25$ Uhr warfen sie unsere 40er von der Höhe von Beaucourt herab, eroberten den Schloßpark und scharmützelten bis Mitternacht.

Wie kurz vor Sonnenuntergang, so noch jetzt nach Eintritt der Dunkelheit, unternahmen verschiedene französische Teile einen überaus heftigen Vorstoß. Auf der ganzen Linie ließ Faidherbe seine Unterführer zu neuem Vorrücken einladen. Der Flankenangriff von Aynès auf Baucourt machte sich hörbar.

Goeben hatte eben überlegt, ob er überhaupt seine letzte Brigade jetzt aus der Hand geben dürfe, da morgen eine Fortsetzung der Schlacht bevorzustehen schien, und vor allen Dingen sah er nicht klar, in welcher Richtung man sich vorbewegen solle. Heut hatte er freilich im konzilianten Manteuffel nicht einen Vorgesetzten wie Steinmetz bei Gravelotte, der an ihn heranreiten und ihn anschnauzen durfte: „Haben Sie meinen Befehl erhalten oder nicht?" — „Ich habe ihn erhalten" — „Ich befehle es Ihnen." Aber die Art, wie Manteuffel diese beiden Schlachten bei Amiens schlug, entsprach nicht Goebens taktischen Grundsätzen, und nicht ohne inneres Widerstreben erteilte er diesmal den Befehl zum Antreten, indes man behufs Konzentration recht wohl hätte bis morgen warten können. Er befolgte eben Manteuffels Schlachtbefehl pünktlich ohne Einwand, die Dispositionen waren aber zu früh gegeben worden, ehe man über Ausdehnung und Form der Faidherbeschen Stellung sich unterrichtet hatte.

Manche Befehle des Hauptquartiers gehen während des Kampfes auch den Generalen nicht rechtzeitig zu, die sich wechselnd bei ihren Truppen aufhalten. Und so mußte Goeben heimlich bei sich über die keineswegs befriedigenden Erscheinungen des heutigen Kampfes den Kopf schütteln. Die Unsicherheit der Leitung hatte zur Folge, daß der feindliche Abendangriff sehr überraschend kam, indes man selber sich anschickte, im gleichen Zeitpunkt die Chancen einer Offensive gegen das Plateau zu erwägen. Das 3. ostpreußische Regiment, frisch genug, wollte gegen die Höhe nördlich

Daours vorgehen, erreichte aber nicht einmal den Nordeingang von Daours und suchte eiligst Deckung. Durch Béhencourt ging man gleichfalls gegen die Höhen vor, umsonst! Fünfeinhalb Uhr. Manteuffel hatte gerade den Brigadegeneralen aufgegeben, etwas Ablösung der erschöpften vordersten Bataillone zu besorgen, als die wilde Offensive erfolgte. Gegen Béhencourt ein Anlauf noch nach sechs Uhr unter vollem Gesang der Marseillaise (Mobile Pas de Calais), gegen Beaucourt unser Blasen und Trommeln. Ebenso im Süden.

„Ganz famos!" konnte Goeben sich nicht enthalten, auszurufen. Ein kräftiges Artilleriefeuer, das jedoch keine rechte Wirkung hatte, leitete ein. Die Milizen drangen mit entschlossener Bravour in starken Haufen vor, drängten alle Deutschen an der Hallue in die Dörfer hinein und faßten auch Daours als Kampfpreis ins Auge. Doch die gelichteten Kompagnien der 33er warfen glänzend in nachhaltigem Gegenstoß sowohl vor Noyelles als bei Daours, wo die rheinischen Jäger vor dem Dorf in Linie kühn den Ansturm erwarteten, Jäger und Mariniers über den Haufen. Die 65er wurden mit Hurrah und Trommelschlag gegen die Moblots geführt, die eilig wichen. Die rheinischen Jäger schossen vorzüglich, die Franzosen über alle Begriffe schlecht. Nicht einmal der Dorfrand ward diesmal berührt. Die Dörfer aufs neue gesichert, blieb immer noch die Aufgabe ungelöst, die Höhen jenseits zu erobern, wozu die Hilfe des ganzen I. Korps hätte beansprucht werden müssen. So aber blieb dies aussichtslos. Zwar gingen einzelne Kompagnien ungestüm voran, andere schlossen sich an, doch die einbrechende Dunkelheit erschwerte ohnehin jede Leitung. Rückwärts Marschierende richteten aus Versehen ihre Geschosse gegen vorne fechtende Kameraden, jedes Vorgehen geriet ins Stocken, und nur mit Mühe ward die Ordnung endlich längs des Flusses hergestellt. Aber ob der Tag zur Neige, die Sonne zur Rüste ging, die Nacht begann, noch raufte man wütend in den Dörfern. Man mußte zufrieden sein, dort endgültig Meister zu werden. Faidherbe, der seinen Lugaus bei der Mühle von Lasoussoye nach drei Uhr verließ, um nach Corbie zu reiten, verirrte sich bei Rückkehr beinahe in preußische Hände bei Noyelles, das er von den Seinen noch besetzt glaubte.

Erst in der Dunkelheit erlosch der Kampf. Das Schlachtgetöse erstarb endlich. Allmählich trat Stille auf der Winterhalde und im Flußbett ein. Nur das Ächzen Verwundeter schallte schauerlich durch die eisige Luft. Die Milizarmee hatte sich vorzüglich geschlagen und sich im wesentlichen behauptet.

Unentschiedene Schlacht — daran kein Zweifel. Vom Geschoßverbrauch und der Schärfe des Gefechts giebt es einen Begriff, daß II 65 in Noyelles 33 000 Patronen verschoß! Auch die Artillerie verlor 73 Mann, obschon nur von Artillerie bekämpft: ein Beweis, wie gut die französische schoß. Die deutsche Nordarmee war mit sämtlichen anwesenden Truppen in den Kampf eingetreten, indes der Feind von seinen 20 Marsch-, 18 Moblot-, 14 Nationalgardenbataillonen nur etwa 10 Marsch-, 7½ Moblot-, 3 Nationalgardenbataillone verausgabte. Sie vermochte jedoch nicht, einen entscheidenden Sieg zu ernten, dessen willkommene Frucht die Sicherung des Pariser Cernierungsgürtels vor allen Anfällen von Norden her gewesen wäre. Ja nicht einmal ein taktischer Erfolg war zu verzeichnen. Wohl hatte Faidherbe nicht einen Sieg erfochten, das bezeugten die vielen Gefangenen, die man ihm abgerungen, doch mißlang es, seine Flanke oder Rückzugslinie in Besitz der deutschen Heerführung zu bringen. Bei Noyelles glich der eigentliche Blutverlust sich sicher aus, im Norden büßte (Aynès nur 100 Mann) Derroja 250 im ganzen ein, die Deutschen nicht weniger, Brigade Amos der Nationalgarde fast nur Flüchtlinge und Marodeurs, nur bei Daours ergab sich ein riesiger Unterschied der Verluste.

„Ein schwerer Tag" — diese Empfindung hatte man im Stabe der kommandierenden Generale mit Recht und sprach sie auch aus. Aber unverwüstliche Optimisten schalten den Kleinmut: „Ach was! Die drüben sind noch ärger gelaust! Morgen sind sie ausgerückt — was wetten wir!"

„Das wäre dumm von ihnen — und die Führung drüben schien heut recht verständig!"

Erst im Stockfinstern endete die Schlacht. Um 8 Uhr saßen Manteuffel und Goeben in Amiens beim Souper, das natürlich nach solcher Anstrengung gut mundete. Schlechter hatten es die armen Verwundeten, die jetzt hereingefahren wurden. „Sollte mich nicht wundern, wenn wir wieder so um 1200 eingebüßt hätten!"

warf Goeben hin. So schlimm sollte nachher die Rechnung nicht stehen: noch nicht 1000. Dafür hatte man selber angeblich über 1000 unverwundete Gefangene gemacht, obschon keine Trophäne erbeutet. Ebenso viele Tote und Verwundete mußte Faidherbe aus den Listen löschen, sehr begreiflich in Anbetracht der abendlichen Massenangriffe. Brigaden Gislain und Payen litten natürlich am meisten.

„Die Sache ist nicht ganz gut gegangen — geradeso wie vormals im November!" gab Manteuffel etwas kleinlaut zu. „Immerhin haben wir den Feind geworfen, ihm eine ganze Reihe Dörfer abgenommen."

„Das hilft wenig, so lange er die Höhen hält. Ein halber Erfolg heißt in unserm Falle: keiner. Faidherbe steht uns gegenüber, wie er gestern stand. Und er hat unerwartet doch noch größere Kräfte entwickelt, als wir dachten. Alle Ehre unseren braven Truppen! Und wirklich glänzend ist ihre Haltung gewesen. Aber der Feind — auch er —"

„Sehr zähe, und zweimal Offensive. Zwar abgewiesen — doch daß dies Volksaufgebot überhaupt so was kann, wer konnte das voraussehen! Sind sie nun der Ansicht, daß wir morgen die Lage forcieren?"

„Nein, einem Echec dürfen wir uns nicht aussetzen, wollen lieber manövrieren."

„In welchem Sinne machen Sie den Vorschlag?"

„Nun, ich möchte morgen die 16. Division nach rechts zusammenziehen, eine kompakte Masse bilden und etwaige Offensive ablehnen, dann hinter die Somme zurückgehen —"

„Ein Rückzug, o! Das stärkt den moralischen Faktor beim Feinde!"

„Nicht so! Ich möchte jenseits der Somme operieren, um Verbindung mit Prinz Albrecht und Saden aufzunehmen." Erstere Garde=Kavalleriebrigade und letztere Infanteriereservedivision konnten, nahe genug, am 27. in Amiens eintreffen.

„Wollen's beschlafen. Hängt davon ab, was morgen der Feind treibt."

Ah, der that wenig. Das Biwak bei 8° Kälte wirkte demoralisierend auf der kahlen Hochfläche, indes die Deutschen

unten warm in Dörfern schliefen. Faidherbe erwartete am 24.
einen Angriff umsonst, auf den er gehofft hatte. „Unpraktisch! Man
muß immer nur aus Schlimmste glauben!" brummte er mißmutig,
als auch sein Artilleriefeuer von den Höhen herab die Deutschen
nicht über die Hallue lockte. Auf Gewehrschußnähe, was fast nie
vorkommt, hatten beide Parteien die Nacht durch gelagert. Die
Deutschen antworteten den ganzen Tag über nicht einmal auf jede
Provokation der Kanonade. Am Nachmittag hatte Faidherbe genug,
verriet Rückzugssymptome. Er selbst hatte nur ein elendes Stroh=
lager bei Nacht gehabt, daß ihm die Zähne vor Frostfieber klapperten.

Goeben beriet mit Manteuffel, und man beschloß ursprünglich
Rechtsabmarsch längs der Somme auf Peronne. Bei Abend=
dämmerung ritt Goeben selbst zu Kummer hinüber und setzte ihm
auseinander: „Den Feind nicht aus Fühlung lassen — sobald sich
sein Abzug bestätigt, occupieren Sie sein Plateau, verfolgen mit
Vortruppen. Barnekow hat Befehl, stehen zu bleiben und Abmarsch
vorzubereiten. Übrigens holen Sie später weitere Befehle ein!
Dies für den Fall, daß Faidherbe wirklich abzieht. Wenn nicht, —
so bleibt es beim Rechtsabmarsch, der Ihnen mittags schriftlich
aufgegeben wurde!"

Kummer, heut ebenso schwer erkältet wie neulich Goeben, sehr
angegriffen, fand sich in dieser mündlichen Ordre nicht zurecht.
Auch verschleierte Faidherbe den Abzug so geschickt, daß Kummer
wirklich zweifelte, ob das Plateau geräumt werde. So beließ er
es auf eigene Verantwortung beim Rechtsabmarsch und überschritt
die Somme. Kein vergnügter Weihnachtsabend für die müden
Truppen! Als am 25. um 5 Uhr früh bei Goeben die Meldung
eintraf: „Feind von den Höhen verschwunden," war es zu spät,
nachzusetzen. Als man endlich oben auf dem Plateau stand, ent=
schwand Faidherbe längst in vollem Rückzuge, und auch die Kavallerie
konnte ihm wie gewöhnlich nichts anhaben, weil ihr die richtige
Initiative fehlte. Unentschieden genug endete das Jahr, die erste
Hälfte des nordfranzösischen Feldzugs.

Neujahr! „Auch im neuen Jahre möge Gottes Segen auf
unseren Fahnen ruhen, das ist mein Gebet!" Ob diese Wünsche
Manteuffels in Erfüllung gehen sollten? Man soll nicht prophezeien,
wenn man nicht weiß, und die französische Nordarmee, die schon

an der Hallue ihre Visitenkarte abgegeben hatte, drohte mit einem sehr vordringlichen ungebetenen Besuch.

Man hatte Belagerung von Peronne begonnen, nachdem die Reservedivision Senden, später unters Kommando des Kavalleriebrigadiers Prinz Albrecht tretend, 5 Bataillone, 8 Schwadronen, 3 Batterien dazu abgegeben hatte. General v. Barnekow, der die Belagerung leitete, besaß außerdem noch 5 Bataillone, 6 Batterien. Zur Sicherung dieser Unternehmung gegen feindlichen Entsatzversuch standen die Hauptkräfte bei Bapaume zur Verfügung, daneben die Kavalleriedivision Groeben und die Garbebrigade (Husaren und Ulanen) Prinz Albrecht, als Reserve weiter zurück die Rheinischen Jäger. Der Reitereiaufstellung hatte Goeben auch 4 Bataillone beigegeben, so kleine gemischte Korps aller Waffengattungen herstellend, wie er mit Vorliebe that. Im ganzen noch 16 Bataillone, 27 Schwadronen, 60 Geschütze. Die Streitkräfte, die Faidherbe in Bewegung setzte, waren ungleich größer: gegenüber 16000 Mann Effektivstärke Goebens (außerhalb des Belagerungskorps) 35000, wobei aber sogar, was deutscherseits nie geschieht, Offiziere und Train, ebenso einige Franktireurbanden mitgerechnet. Die Gefechtsstärke der Infanterie betrug schwerlich mehr als 29 000 Gewehre und bei der Effektivstärke wird man

die Einbuße durch Kranke und Marode (Kälte) und Deserteure (National=
garde) in Anschlag bringen müssen. Neu hinzugetreten waren das
24. Chasseurbataillon und ein Marschregiment ohne Nummer für Brigade
Lagrange, wofür man III 72 Gislain abgenommen hatte.

Zur Ehre Faidherbes muß gesagt werden, daß er auch darin
seinem Gegner glich, trotz glühendem Ehrgeiz niemals bei Lock=
ungen der Ehrsucht die Stimme der Pflicht zu überhören. Wie
Goeben am 18. April 1864 es über sich gewann, auf das ihm
anheimgestellte glänzende Unternehmen einer Überschreitung des
Alsensunds während der Düppler Kämpfe zu verzichten, weil der
winkende persönliche Ruhm ihm hier eventuell das Heil des Ganzen
zu gefährden schien, so verlor Faidherbe selten die weise Würdigung
der thatsächlichen Möglichkeiten für phantastische Projekte. Die
Schonung der ihm anvertrauten kleinen Armee — bald der letzten,
die Frankreich im freien Felde noch intakt besaß — ging ihm über
alles. Aber er ging hierin sogar zu weit. Seines Zeichens
Ingenieur, sonst dauernd in Afrika thätig, klammerte er sich
ängstlich an die Formen des Kleinkriegs und war großangelegten
Operationen, Wagnissen im Großen abgeneigt. Und als er sich
einmal dazu aufraffte, bekam es ihm schlecht. Methodisch begabt,
wirklich „gelehrt", was man oft mit kindlicher Übertreibung
Generalen zuschreibt, wenn sie nur einigermaßen wissenschaftliche
Bildung besitzen, verfaßte er ein Buch über afrikanische Inschriften
mit derselben Gründlichkeit, mit der er die Einrichtung seiner
Armee verständig betrieb, Ausrüstung und Verpflegung nach besten
Kräften besorgte. Seine Truppen hingen daher an dem streng=
gerechten Manne mit Zutrauen, obschon ihm eigentliche Güte fernlag
und er sich eisig von fremden Einflüssen abschloß.

„Ich bleibe dabei, Péronne wird entsetzt!" entschied er vor
seinen Korpsgeneralen im Kriegsrat am letzten Jahrestage. „Ob
Sie Ihre Mobilgarden im offenen Feld verwenden wollen, über=
lasse ich Ihnen. Zur Not können Sie ja mal Linienkompagnien
an die Spitze stellen, wie neulich an der Hallue bei Brigade
Pittié. Ich bin der Meinung, wir haben uns erholt, und die
Keckheit des Feindes, dicht vor unserer Nase eine Festung zu be=
lagern, muß bestraft werden. Am 2. Januar Schlacht — so befehl
ich's, so will ich's."

Bapaume — St. Quentin.

"Melde gehorsamst: Feind umgeht uns rechts und ich bin soeben tötlich getroffen." Der in strammer Haltung vor dem Bataillonskommandeur von I 33 aufgerichtete Hauptmann v. Butler sank im gleichen Augenblick tot nieder. Dies lebende Bild altpreußischer Manneszucht und Heldenpflicht weihte am Vormittag des 3. Januar die Walstatt ein, prächtiger fürwahr als das Denkmal der Gefallenen, das Frankreich dort seinen Söhnen errichtet. — —

Faidherbe in Person befand sich bei Division du Bessol, die am 2. Januar aus Achiet ein Halbbataillon III 28 vertrieb. Obschon um ½11 Uhr gegen Division Derroja die Kavallerien unter Groeben, Dohna und Mirus im Westen von Bapaume sich außer Stande fühlten, ihre Posten zu behaupten, und weit auswichen, und obschon die ganze Brigade Förster und I II 101 Mobilgarden mit 8 Geschützen sich entwickelten, ließ sich der heldenhafte Hauptmann Lossius, der sein anderes Halbbataillon dem Kanonendonner nach gen Osten auf Sapignies entsendet hatte, nicht beirren. Er rettete sich und seine zwei Geschütze nach zweistündiger Gegenwehr auf Biefvillers, bis wohin nur die 20. Chasseurs nachdrangen, westlich vor Bapaume. „Wo steht denn eigentlich der Feind? Das ist ja ein reiner Luftstoß!" murrte der Höchstkommandierende. Von der Höhe westlich Achiet konnte man wildes Getümmel in Gegend von Sapignies — nördlich von Bapaume an der Chaussee nach Arras, von wo das Korps d'Ivoy anmarschierte — genügend wahrnehmen. Doch nicht eine einzige Meldung lief ein. Es wurde schon dunkel. Er sah auf die Uhr. „Just vor 4 ging die Sonne unter. Greifen wir von Biefvillers aus Sapignies im Rücken an, so kämen wir noch gerade zurecht. Doch ein Nachtgefecht mit meinen Rekruten! Das geht nicht!"

Da aber die Tête Beſſols, die 20. Chaſſeurs, ſchon um vier Biefvillers beſetzte, hätte man beſſer von Achiet aus um zwei Uhr die Nachbardiviſion Payen unterſtützen ſollen. Einfache Linksſchwenkung genügte. Bei der ſonſtigen Unternehmungsluſt Beſſols darf man wohl annehmen, daß ſein Gros noch weit zurück war, wodurch ſich auch allein der übermäßig lange Aufenthalt durch die kleine Heldenſchar Loſſius erklärt.

Kapitän Payen hatte I 28, das bei Béhagnies auf Vorpoſten ſtand, anfangs durch dieſen Ort hindurchgejagt. Als aber die 19. Chaſſeurs aus dem Südeingang ſich gegen die Bodenwelle der Schmiede von Sapignies wendeten, mußten ſie vor betäubendem Schnellfeuer haltmachen, das ſofort die Beſpannung zweier Geſchütze tötete, die durch das Dorf hindurchtrabend auf der Chauſſe abprotzen wollten. Nur eins kam überhaupt dazu, doch noch ehe es einen Schuß aus dem Rohre hatte, lagen Zug- und Geſchützführer tot niedergeſtreckt. Dies Chaſſeurbataillon, das ſich bisher noch immer ausgezeichnet hatte, opferte ſich auch diesmal, indem es, mörderiſche Beſchießung aushaltend, die Geſchütze hinter Dorf in Sicherheit brachte, ſchleifend und ziehend. Hier langten Protzen im Galopp an und machten ſie wieder gefechtsfähig. Kaum ſpielte dieſe Epiſode ſich ab, als der Schiffskapitän ſeine beſte Truppe, ſein eigenes Marinefüſilierregiment gegen Sapignies anrennen ließ, während auch das 48. Mobile — bei Amiens im Feuer gehärtet — vor Kampfeifer brannte, ſich für ſeine Schlappe an der Hallue zu entſchädigen. Zugleich hielten ſechs Zwölfpfünder, zwölf Vierpfünder der Diviſion den Ort unter Feuer. Die Angriffslinie dehnte ſich nach beiden Seiten aus, da das Schießen bei Achiet auch weſtwärts dorthin lockte. I Marinefüſiliere marſchierte dorthin ab und kam daher nirgendwo mehr zum Kampfe. An ſeiner Stelle wurde I 48 vorwärtsgeriſſen. Im Oſten aber wendete III Marine die Umfaſſung an, indes frontal II III 48 und II Marine das Dorf berannten. $3^{1}/_{2}$ Chaſſeurskompagnien waren auf den Flügeln verteilt. Dieſem mächtigen Andrang der Brigade Michelet hatte Generallieutnant v. Kummer, perſönlich auf Erkundungsritt bei den Vorpoſten anweſend, vor 1 Uhr nur 10 Geſchütze und 10 Kompagnien 28er entgegenzuſetzen, das von Loſſius entſendete Halbbataillon Füſiliere einbegriffen. Die 68er erhielten Befehl, sich als Reserve im zweiten Treffen aufzustellen, die 7. Königshusaren deckten die Flanke. Die Franzosen glaubten an einen vollen Erfolg und brachen mit Entschlossenheit durch den schneebedeckten Wiesengrund vor, besonders eine muldenförmige Vertiefung und Bodensenke vor den preußischen Feuerschlünden zu überraschendem Näherspringen benutzend.

„Nicht retirieren!" schrie der tapfere Abteilungskommandeur Major Mertens seinem schon ganz umfaßten rechten Flügel zu, alle Geschütze blieben in Front und erhoben in der Verzweiflung ein unablässiges Kartätschfeuer. „Attackieren, bitte!" Die laut zugebrüllte Aufforderung des Majors vernahm der als Bedeckung hier haltende Lieutnant Graf Pourtales kaum, als er ohne Besinnen den Säbel schwang: „Marsch, marsch!" und sich mit 50 Husarensäbeln in die linke Flanke der Franzosen stürzte. Der erst aufgeweichte, dann festgefrorene Sturzacker hielt diese Reiter nicht auf. Eine Chasseurkompagnie ward niedergeritten und zusammengehauen, ehe sie sich fassen konnte, in unaufhaltsamem Sturmritt die ganze Schützenlinie von Ost nach West aufgerollt. Ehe der bisher so kühne Feind zur Besinnung kam, in Bodenfalte schon bis auf hundert Schritt an die linke Flügelbatterie in wildem Elan ausschwärmend, schleuderten Kartätschlagen Tod und Verderben in den eilig hin- und herquirlenden Menschenwirbel, der sich unwillkürlich nach dem Centrum zusammenschob. Mit grimmer Kampflust und glänzender Geistesgegenwart legten alle 28er wie auf Kommando an, Offiziere und Feldwebel selber ergriffen das nächste Gewehr und pfefferten unerbittlich in diesen Knäuel hinein. Was sich nicht hinter Strohhaufen warf, stob in regelloser Panik auseinander, die ihren Höhepunkt erreichte, als nun auch noch die blanke Waffe die Blutarbeit deutscherseits vollenden sollte.

Da erscholl a tempo das schneidende Signal: „Das Ganze avancieren!" Mit herrlicher Schnelle hatte General v. Strubberg den Augenblick erkannt, die Gunst der Minute beim Schopfe gepackt. Ohne die Verwirrung des Gegners verstreichen zu lassen und die Möglichkeit durchschlagenden Rückschlages zu verscherzen, stürmten die 28er vom Fleck aus los. Kaum verstummte, dem Signal gehorchend, das Knattern der Gewehre, als alle zehn Kompagnien zur Bajonettattaque antraten. Die Tambours schlugen, die Degen der Offiziere hoben sich, die Fahne hoch — so stürzte sich der deutsche Sturmlauf auf Dorf Behagnies.

Vergeblich krachte hastig zügelloses Feuer entgegen, man ließ dem Franzmann keine Zeit, sich zu fassen. Außer stande, weder den Ort zu räumen, noch ihn zu verteidigen, sahen sich die bisher so wacker bemühten Marinefüsiliere im Handumdrehen über den Haufen gestürmt. Von allen Seiten drangen die rheinischen Jungen ins Dorf und auf den Feind ein, der in Häusern, Gärten und Straßen mit Bajonett und Kolben niedergemacht wurde. Ein Teil ward ins freie Feld hinausgetrieben, gänzlich auseinandergesprengt, andere Gruppen sahen sich im Innern niedergerungen, bis sie die Waffen streckten. Als die zweite Nachmittagsstunde verfloß, hatte das 28. Regiment sich unverwelklichen Lorbeer geflochten.

2 Uhr. So blitzschnell hatte sich das Blatt gewendet. Keine halbe Stunde verfloß, daß die wuchtige Offensive Payen's zum Stehen kam, und schon wagte nicht mal Brigade Lagrange mehr, mit frischen Kräften Front zu machen. Nur die Zwölfpfünder auf der Chaussee harrten aus, obschon die preußischen Vierpfünder gegen die gleichkalibrigen französischen die Oberhand gewannen. Inzwischen demonstrierte Division Robin im Osten und II 1. Regiment Mobilisés brachte es wirklich unter Vorantritt seines beherzten Kommandeurs fertig, eine Kompagnie 68er zu verdrängen.

Die Niederlage der Brigade Michelet war eine vollständige. 5 Offiziere, 250 Gemeine lieferten die 28er als Gefangene ans Hauptquartier ab. Das vollendete Zusammenwirken von 1700 Gewehren mit 10 Geschützen und 50 Königshusaren verhalf zu dieser glänzenden vorbildlichen That. „Strubberg vorgeschlagen zum Pour-le-Merite!" dachte Kummer — und er erhielt ihn auch, keiner verdiente ihn besser. Mustergültig bleibt das Verhalten der Artillerie, die 650 Granaten verschoß, und des kühnen Reitertrupps. Im Abenddämmer zog Kummer auf Bapaume ab. II 33 übernahm die Vorposten nach Westen mit zwei Batterien.

Dies wunderschöne Gefecht hielt Faidherbes Aufmarsch einen ganzen Tag auf. Doch ehrt es ihn, daß er, erst abends über den Mißerfolg benachrichtigt, den Vorsatz nicht aufgab, nun erst recht bei Bapaume eine Schlacht zu liefern. Die Deutschen hatten, als sie ihren Verlust besahen, nur 163 Köpfe zu beklagen, davon 34 Gefangene. Der französische Verlust wird deutscherseits gewaltig überschätzt, was angesichts der 21000 Patronen, die Regiment 28 als Munitionsverbrauch meldete, nicht zu verwundern ist. Aber die 19. Chasseurs verloren doch nur 150 Mann, die zwei Marinebataillone 200, die 48. Mobilgarden 21 Offiziere,

367 Mann. Der Verlust Bessols war unbedeutend: 20 Chasseurs, 25 Köpfe. Lagrange büßte durch Fernfeuer 15 ein. Total: 550 Tote und Verwundete, 250 Gefangene.

Verfinsternde Wolken teilten sich, am Horizont zeichneten sich die ersten Spuren der Morgenhelle ab. Leider kein Mondschein gewesen, nebelig trübe brach der Tag an, da kann der Feind sich unbemerkter nähern. Es war ganz still geworden, aber man war wachsam. Man hatte zum Teil bei Nacht ein Biwak bezogen, das bei angezündeten Feuern und gutem Wetter ein prachtvolles Bild geboten hätte. Doch bei strichweise strömendem Schlackenregen und dazwischen rauhen Frösten war man in diesem Januar schlecht daran. Heute spürte man, wie der Boden festfror unter leichter Schneehülle, die Glatteis erzeugte. Im Sommer, wenn man obendrein große Haufen von Fleisch, Speck, Mehl, Hafer durch Kavallerie herbeischleppen darf, wäre die Landschaft der Pikardie und Flandern erfrischend für das Auge, mit waldbedeckten Hängen, reichbebauten Thälern, behäbig wohlhabenden Weilern und Flecken, erleichtert durch schöne Chausseen, ein stets wechselndes und wohlthuendes Panorama. Doch jetzt im Winter spürte man wenig davon.

Alarm! Das Vorhutbataillon ward kräftig angegriffen, rasch entwickelten sich beträchtliche Streitkräfte in der Morgendämmerung, mit begleitenden Batterien. Ebenso rasch aber griffen die 33er zu den Waffen, indem sie ihren beiden Batterien östlich auf der Chaussee nach Arras Raum machten.

Eine ordentliche Schußsphäre der Artillerie war nun freigelegt, auf alle Fälle in I 33 eine Reserve ausgelöst, um bei einem Rückschlag aufzunehmen und zu sichern. Eine Kompagnie hatte ihr Dorf (Biefvillers), eine andere ihr „Holz" (Grevillers), das ihnen bestimmte Objekt, in Besitz genommen, dann Meldung erhalten, daß ein feindliches Bataillon in ihrer Flanke stehe, wo man Brigade Gislain wußte, im Anmarsch begriffen. Sie räumten daher schleunig beide Punkte. „Da muß Luft geschafft werden," rief General v. Kummer, der an der Vorstadt Avesnes persönlich erschien. In kräftigem Anrennen suchte I 33 sich aufs neue des Dorfes Biefvillers zu bemächtigen, wo bereits I 69 Marsch der

Brigade Foerster (Bessol) eingerückt war. Kaum wollte es aus dem Südausgang heraustreten, als es sich von fünf oftpreußischen Kompagnien aufs wütendste angefallen sah. Das Bataillon hatte vorerst rasten und Posten ausstellen wollen, da es noch ziemlich dunkel und das Gros der Brigade weit zurück war. Mit dem Bajonett auf den Feind stürzen, ihn im vollen Sinne des Wortes überrennen, mit ihm zugleich bei den Feldwachen ankommen, die in wilde Flucht gejagt werden, — war das Werk eines Augenblicks. „Die Affaire macht sich gut!" Doch kaum hatte Hauptmann Wolff sich geäußert, als er tötlich verwundet fiel. Obschon man sich in einer hohlwegartigen Mulde einer gedeckten Annäherung anfangs erfreute und von Südosten eingedrungen war, ging ein schreckliches Feuer in Front und beiden Flanken von Nordost und Südwest auf die Angreifer nieder: 18. Chasseurs (Gislain) und 2. (Deroja).

Nun hieß es Geduld. Wohl warfen die Tapfern sich ungestüm auf die Übermacht, verjagten sie überall, brachten ihr tüchtige Verluste bei, doch — es ging nicht weiter. Weithin tönte das Hornsignal: „Das Ganze zurück!" Erbittert mußte der Sieger loslassen, noch immer feuernd ging er zurück. Zahlreiche Trümmer des Feindes lagen zerstreut umher. Denn eine Batterie der Division Payen, die im Norden aus Sapignies gegen die Chaussee vorgehen und Biefvillers im Rücken fassen wollte, wurde durch die zwei Vorhutbatterien sofort zur Flucht genötigt, indem sie tote Pferde und kaputte Munitionswagen liegen ließ. Erst nach 10 Uhr wagten zwei Batterien der Division Bessol nordöstlich Biefvillers aufzufahren. Die französischen Toten und Verwundeten im Umkreis des Dorfes zeugten dafür, mit welcher Erbitterung sie fochten.

I 69 Marsch litt am meisten und blieb fortan in Schützenstellung, die beiden Chasseurbataillone sind auch später nicht ins Stadtgefecht im Innern gekommen. Die 2. Chasseurs, obschon erst zuletzt von Westen eintreffend, hatten 117 Köpfe außer Gefecht, alle drei Körper zusammen rund 800 Mann. Als aber die fünf Ostpreußischen Kompagnien in Bapaume gesammelt wurden, da zählte I 83 überhaupt nur noch 8 Offiziere 322 Mann. 11 Offiziere, darunter 3 Kompagnieführer, waren gefallen, die Hauptleute Wolff und v. Butler an der Spitze ihrer Truppen, Feld=

webel führten die Trümmer. Da das noch frische Halbbataillon II 33 sowie das Füsilierbataillon 28 zur Aufnahme vorgingen und die Vorstadt Avesnes gefechtsmäßig besetzten, gerieten jene genannten drei Tête= Bataillone der drei französischen Brigaden Gislain, Förster, Pitié in so rasendes Schnellfeuer, daß sie zweimal umsonst vorzuprallen suchten.

„In den Schnee gefaßt! Das kühlt!" Die 33er steckten ihre Gewehrläufe in Schnee, weil sie vor Hitze zu springen drohten, setzten übrigens unverdrossen ihre Schießarbeit fort. Gleichzeitig warfen die wackeren beiden Batterien ihre Eisenbälle zwischen die heranziehenden Kolonnen im Norden und Westen, ohne sich um die französische Artillerie viel zu kümmern, obschon nun auch die drei Batterien Derrojas westlich hinter Biefvillers den beiden Bessols zur Seite traten. Das heftige Kreuzfeuer dieser Geschütze blieb nicht ohne Wirkung und deckte die Bewegung Derrojas, der seine Schützenketten bis an die Chaussee Bapaume=Albert spannte, die von Südwesten nach Osten das Schlachtfeld durchquert, wie die Chaussee nach Arras von Südosten nach Norden. Es wurde darüber Mittag, und das Korps Lecointe ließ mehrere Stunden verstreichen, ehe es im Centrum wieder vorging. Dafür entbrannte der Kampf mit gesteigerter Heftigkeit auf den Flügeln. Hier zeigte sich seit 10 Uhr die Nationalgardendivision Robin vor Beugnâtre im Nordosten von Bapaume und zog eine Gebirgsbatterie vor. Da fuhren zwei reitende Batterien der Goebenschen Korpsartillerie im Schritt, wegen der Eisglätte, den Windmühlenberg hinauf und trugen, durch wohlgezielte Granatwürfe von der Flanke aus, Ver= wirrung in die dichten Marschsäulen. Die Gebirgsbatterie mußte abfahren, und sogar die ganz unentwickelten hinteren Kolonnen Robins erreichte dies Granatfeuer auf 2300 m. Obschon die kampflustigen Batterien noch 800 m weit avancierten und nur I und F 65 sie deckten, zogen sie doch langsam ohne Verlust aus Beugnâtre nach Bapaume ab, ein Beweis für die Saumseligkeit der Division Payen, die von Sapignies aus hierher flankieren konnte. Nur am Artilleriekampf nahm sie lebhaft teil, und so vereinten jetzt 48 Geschütze ihr Kreuzfeuer gegen die Mitte der deutschen Aufstellung. Die Batteriechefs übten dabei die vereinbarte Praxis, in Gruppen auf je eine einzelne feindliche Batterie als Zielscheibe zu halten. Die Folge blieb nicht aus. Die eine der beiden Vorhutbatterien an der Arraschaussee mußte schon um 11 Uhr Stellung wechseln, nach rückwärts fahren. Noch mehr litten zwei andere, später westlich der Straße in Thätigkeit getretene rheinische Batterien; die eine derselben schloß sich erst um 1 Uhr dem Rückzug der anderen drei Batterien an, nachdem sie allein 17 Mann, 36 Pferde und 2 Offiziere, hiermit auch ihre Manövrierfähigkeit, eingebüßt hatte.

„Rettet die Batterie! Freiwillige vor!" Mit rührender Opferwilligkeit stürzten sich die 33er auf die Radspeichen der Kanonen und schleppten sie rückwärts, um die treuen Kameraden von der Artillerie aus der Not zu reißen. Dies Eingreifen derber Musketierfäuste in Deichsel und Räder bot ein leuchtendes, unvergeßliches Bild edler Waffenbrüderschaft, echter deutscher Treue. Doch auch die Rheinländer ließen sich nicht lumpen: Gleichzeitig ward von 28ern ein im Graben umgefallenes Geschütz herausgewunden und der Batterie nachgeführt! Die zurückgeschafften Batterien bildeten dann eine neue Gruppe südlich Bapaume und führten von hier aus den Kampf fort. Mittlerweile folgten auch rechts von den 33ern die Bataillone I 28 und F 68, die bei Favreuil die mittlere Geschützlinie gegenüber Sapignies gedeckt hatten, der rückgängigen Bewegung. Da die deutsche Rechte bis zum Eintreffen Prinz Albrechts in die Luft hing, zog General v. Kummer sie dicht auf Bapaume zurück, seine 8000 Mann eng in der Stadt zusammen, indem er eine Reserve für alle Fälle ausschied und auf dem Marktplatz postierte. Der Feind drängte jetzt ersichtlich und II 33 rettete das gefährdete Füsilierbataillon 28 nach Vorstadt Avesnes hinein. Als die Tirailleure Bessols bis auf fünfzig m an die 33er heran waren, sprangen diese auf. Ein Hurrah aus voller Kehle machte den Gegner stutzen, der dies gefürchtete Hurrah als Heroldruf deutscher Attaquen kannte, und seine Schützen stoben auf ihre Soutiens auseinander, deren etwaige Salven sie so selber maskierten: ohne Verzug machten die schlauen Ostpreußen sich's zu nutze und liefen, was die Beine laufen konnten, in die Vorstadt.

„Das Gewehr über! Tritt gefaßt!" Eine Füsilierkompagnie 28er marschierte ordnungsgemäß wie auf dem Kasernenhof unter diesem Platzregen von Geschossen glücklich nach Bapaume hinein! Nur I 28 sollte nicht so ohne Schwierigkeiten seinen gefahrvollen

Posten verlassen. Man lag hier flach im freien Schneefeld unter
unerträglichem Granatfeuer. Als die Batterien heil vorbeigetrabt,
erhob sich das brave Bataillon, nach zwei Seiten Front machend,
von zwei Seiten sofort mit Kugeln überschüttet. Als es am
Nordrand der Stadt von II 28 aufgenommen wurde, hatte es fast
die Hälfte der Offiziere und ein Siebentel der Mannschaft binnen
kürzester Frist geopfert. Das Gefecht nahm offenbar eine üble
Wendung.

In eisern ruhiger Haltung harrten Batterien und Bataillone
aus und überdauerten die Gefahr. Durch die Dämmerung der
grauen Winteratmosphäre loderten Feuerblitze ferner Batterien,
schweres Kaliber mischte sich ins Gefecht. Die Feindeslinie
avancierte: Dies gab gleichsam das Signal zu heillosem Schießen.
Baumäste prasselten umher, Splitter stoben, Erde und Luft stöhnten
unterm Luftdruck heulender Granaten. Die lautlose Stille vor
Beginn der Schlacht, als man die drohenden schweren Massen
gegenüber sich heranwälzen sah — dann das mit siegbewußter
Freudigkeit ausgestoßene Hurrah beim ersten Abweisen der An=
griffe — hatte jetzt einem verbissenen schweigenden Zähnezusammen=
beißen in diesem Höllenspektakel Platz gemacht. Das Schützen=
gefecht war im besten Gange, die Chassepotkugeln kamen hageldicht,
gingen manchem Stabsoffizierpferd quer durch den Leib. Nur die
Kavalleriemassen, Knie an Knie gedrängt, wurden fast gar nicht
heimgesucht, so weit standen sie aus dem Feuerbereich.

Der Lärm wurde bald unerträglich; man vernahm nicht mehr
einzelne Kugeln, sondern ununterbrochenes Pfeiffen und Aufschlagen.
Dabei wüteten mehrfach Kolben und Bajonett in nächster Nähe.
Wer hatte Zeit, danach zu sehen, wieviele ächzend umsanken und
zusammenbrachen! Es kam vor, daß Moblots ihre Gewehre fort=
warfen und verkehrt in die Höhe hoben zum Zeichen der Ergebung,
sofort aber neu die Waffen ergriffen, sobald die Preußen heran
waren. Da gab's denn kein Federlesens, alles wurde nieder=
gemacht.

Faidherbe war auf eine Mühle gestiegen, um das Gefechts=
feld besser übersehen zu können. Still und ernst, fast unscheinbar
sich bewegend, ganz wie sein Gegner Goeben, wirkte er doch auf
seine Umgebung fast ebenso als heroische Erscheinung wie Goeben.

Auch von Lecointe ist nur das Beste zu sagen. Die Thatkraft von Bessol und Aynès, den beiden Lieblingen der Armee, äußerte sich sehr vorteilhaft. Ging ein Bataillon an ihnen vorbei, um ins Treffen geführt zu werden, sprangen sie mehrmals ab: „Das Tempo ist nicht schnell genug!" zogen den Degen und führten die Ihren tambour battant an den Feind, die bei starkem Flankenfeuer Stockenden vorwärtstreibend.

Nicht minder setzten die preußischen Generale ihr Leben ein, ihren Leuten zu zeigen, daß sie so gut wie der gemeine Mann die Blutsteuer für König und Vaterland zahlen. Nördlich der Stadt bei Favreuil und dem Gehöft St. Aubin, nahe am Schnittpunkt beider Chausseen, kam es zu besonders harten Kämpfen. Vorwärts ging's und immer vorwärts nach dem Takt monotoner Trommelwirbel, mal des preußischen Avanciermarsches, mal des pas de charge: beide Parteien gingen wechselnd zum Angriff über, doch keine von beiden ward wirklich in die Flucht geschlagen. Die Verluste der braven Division Kummer stiegen empfindlich, doch durfte man sich gratulieren, daß infolge der gutgewählten Stellung noch verhältnismäßig geringe Opfer angesichts erdrückender feindlicher Übermacht gefordert wurden.

„Excellenz, bald geht es nicht mehr, wir sind zu erschöpft!"
„Wir haben Befehl, Bapaume zu halten. Soeben schickt mir Excellenz Goeben zwei reitende Batterien und das Jägerbataillon zur Sicherung linker Flanke. Er ist in Transloy und wird seinen Standpunkt bei Combles nehmen." —

So ging die Blutarbeit weiter. Von Péronne her war das 19. Regiment (Oberst Goeben) nebst vier Batterien als Reserve disponibel gemacht, stellte sich nach bösem Nachtmarsch bei Transloy auf. Dort befand sich nur noch eine halbe Munitionskolonne und wegen Verbrauchs zur Beschießung von Peronne gar kein Schießbedarfersatz für Artillerie. Schöne Aussichten! „So sehe ich mich genötigt, die Schlacht abzubrechen," seufzte Goeben heimlich schweren Herzens und fertigte sofortige Ordre aus, morgen früh Bapaume aufzugeben. Aber was heute? „Truppen hab' ich nicht mehr zur Hand, aber ich selbst werde mal hinreiten!"

Die getrennt liegende Vorstadt von Bapaume hatte Faidherbe nun, flankierte immer schärfer auf der Straße nach Albert gegen

Ligny und Tilloy. Auf dem rechten deutschen Flügel aber machte das Erscheinen der Kavallerie Prinz Albrecht, 1500 m rechts von Bapaume, den Gegner stutzen, so daß eine Kampfpause eintrat. Faidherbe verstand es nicht, seine ersten Vorteile auszunutzen, und eine starke Halbbrigade, die von Cambray her anrückte, ganz östlich auf der äußersten Flanke, wurde durch eine abgesessene Gardehusarenschwadron im Zaum gehalten! Kavalleriebrigade Dohna der Division Groeben machte, links herum detachiert, ihre paar reitenden Geschütze in Flanke des Gegners hörbar. Dennoch begann dieser aufs neue zu drängen. Prinz Albrechts achtzehn Geschütze und sein 40. Regiment — zwölf Schwadronen Albrechts und Groebens dienten höchstens als Geschützdeckung — mußten sich begnügen, die Chaussee zu halten. Das ursprünglich zu ihm gehörige III 33 hatte Goeben schon früher zur Verfügung des Generalkommandos zurückbehalten und bereits an Kummer überwiesen. Es schob sich links gegen Tilloy, wogegen auch Detachement Mirus sich vorbewegte. Kummers elf Bataillone, um Bapaume vereint, hatten also den schweren, schweren Kampf bis zur Dunkelheit redlich bestanden.

Goeben, voll ernster Besorgnis, dachte eine Weile bei sich: „Alles ist hin!" Doch dann durchdrang ihn wieder das tröstliche Bewußtsein: „Meine braven Jungen halten's wohl noch!" Am Morgen stand es bänglich, um Mittag ernst, aber allmählich trat ein gewisser Umschwung ein, weil Faidherbe zögerte, seine ganze Macht in die Wagschale zu werfen. Schon mußten auf Goebens Weisung Munitionswagen der vor Peronne stehenden Artillerie herbeieilen, um auszuhelfen.

Wenn Faidherbe rücksichtlos seine Massen ins Gefecht warf, so ergab sich ein einfaches Rechenexempel. Wenn auch „vierfache Übermacht", wie Goeben meinte, nicht vorhanden war, so blieb sie noch erdrückend genug, um irgendwo einen Durchbruch zu erzielen. Aber so hart der französische Obergeneral dem Häuflein bei Bapaume zusetzte, so scheute er sich dennoch, seine Mobilgarden, geschweige die Mobilisés, auf die Probe zu stellen, und die Last des Kampfes lag derart auf den „Linientruppen", daß im Grunde gar keine Übermacht obwaltete. Marschregimenter und Mariniers trugen den Hauptteil des Verlustes, obschon die Moblots, wo sie von ihren mißtrauischen Generalen ins Feuer geschickt wurden, tapfer genug anpackten. Nicht einmal seine ganze Artillerie nutzte Faidherbe aus. Dennoch war der Eindruck der Gefechtslage ein für die Deutschen fast trostloser. Jeder gemeine Soldat schien zu fühlen, was bevorstand, wenn Tilloy und Ligny fielen. Deutlich drang der Geschützdonner von Peronne her bis nach Bapaume herüber: Mahnung für die Nordarmee, der bedrängten Festung die Hand zu reichen. Und unsere eigene Artillerie bei Bapaume schwieg sich zusehends aus, eine verhängnisvolle Stille, die noch mehr beunruhigte, als der feindliche Geschützlärm.

Das 28. Regiment meldete schon 12 Offiziere außer Gefecht, einige Kompagnien waren bis auf die Hälfte geschmolzen, obschon ursprünglich nur hundert Mann stark ins Gefecht gegangen. Mit unverminderter Pflichttreue, aber arggeschwächten Kräften sammelten sich die 28er in einer Aufnahmestellung hinter Bapaume, zu beiden Seiten der Chaussee nach Peronne. Dorthin nach Süden richteten sich sehnsüchtig die Blicke kampfmüder Männer von sonst so felsenfestem Selbstvertrauen. „Von dort muß er kommen!" hieß es Immer dichter brängten die Rothosen bis an die alten Wälle von Bapaume heran, immer wüster scholl der nahe Waffenlärm ihrer Chassepotsalven und ihr wildes Geschrei. Wo sonst in den rheinländischen Kolonnen nur heitere Laune herrschte, lautes Scherzen tönte, da ging jetzt durch die Glieder ein Frösteln mürrischen bedrückten Schweigens. „Huet hent se uns geschwart!" „Heut haben sie uns geschmiert!" machte sich die allgemeine Niedergeschlagenheit Luft in unterbrückten Flüchen. Und „unsere Artillerie hat sich verschossen", raunte man bitter vor sich hin. Da plötzlich schmetterte durch die beklemmende Stille ein Hornruf von Jägern, schmetterte durch die beklemmten Gemüter der jubelnde Aufschrei: „Hurra Goeben! Jetzt geht es vorwärts!" Langsam kam der kommandierende General, indes die rheinischen Jäger im Laufschritt nach links in den Pulverdampf abschwenkten, die Chaussee heraufgeritten, eine Munitionskolonne rasselte nebenher. Da ging ein toller Jubel los. Wie Sonnenschein flog es über die Reihen, verflogen alle angstvollen Bedenken. Alles drängte sich an die Straße, hob die Helme auf die Bajonettspitzen, und ein wahres Gebrüll übermenschlicher Begeisterung scholl dem verehrten Manne entgegen.

„Nun kann's wieder losgehen!" Über das sinnende ernste Gesicht Goebens spielte ein leises Zucken sichtlicher Ergriffenheit — mehrmals winkte er dankend mit der Hand in herzlicher Rührung — sinnend haftete sein kluges Auge auf diesen unbesiegbaren Kriegern, die man höchstens vernichten, aber nicht zerbrechen kann. Lieb Vaterland magst ruhig sein! Dann ritt er schweigend einher, der Artillerielinie zu, um den Stand der Dinge zu besichtigen. —

Bei der sonst überaus schwächlichen Verfolgung Ende Dezember hatten einzelne deutsche Reiterabteilungen ihre allgemeine Unthätigkeit etwas wieder gutgemacht. So legten die Gardehusaren, die auch heute wieder als rühmliche Ausnahme auffallen sollten, bei Zerstörung der Bahnstränge nach Cambrai zwölf Meilen in zwölf Stunden zurück, eine That, die sich neben den besten der Kriegsgeschichte (amerikanische Südstaatler, Cromwellsche Eisenseiten, beides beiläufig Milizreiterei!) sehen lassen kann. Auch der Oberst v. Pestel, der schon bei Saarbrücken als kühner Parteigänger der Ulanen sich einen Namen erwarb, zersprengte am 28. Dezember bei Longpré ein ohne Schuß ausreißendes Nationalgardenbataillon, trotzdem der tiefe Schnee keinen ordentlichen Anritt erlaubte. Heute aber that die Brigade Dohna, der Goeben ausdrücklich auftrug, gegen den Rücken Lecointe's im Westen zu wirken, so gut wie nichts, selbst ihre reitende Batterie gab nur ein paar Salven ab und zwar auf den Train Lecointe's, der von III 46 Mobil bedeckt wurde und ruhig weiter zog. Statt zu attakieren, führte Graf Dohna seine schönen Schwadronen westlich vom Schlachtfeld ins warme Quartier, zählte die Häupter seiner Lieben und siehe, es fehlte kein teures Haupt.

Auch die Gardeulanen und 9. Husaren des Prinzen Albrecht feierten völlig angesichts der frei nach der Flanke sich hinziehenden Bodenfläche, über die so leicht eine Attake hätte hinfegen können. Mochten auch viele Pferde dabei auf dem glatten Gelände das Genick brechen, die alte Fridericianische Reiterei wäre dennoch bonnernd dahingebraust und der moralische Eindruck wäre um so größer gewesen, als hier nur die Nationalgardendivision stand, die schon mittags durch bloße Kanonade durch und durch erschüttert war. Das Benehmen dieser Truppe ist um so verdammenswerter, als ihr Verlust — trotz der dicken Marschkolonnen — dabei ein ganz minimaler gewesen ist. Allerdings suchte ihr 1. Voltigeurbataillon (als Chasseurtruppe gedacht) die Ehre ihrer Division zu retten, weil aus ganz anderen Elementen gebildet. Es bestand nämlich fast ausschließlich aus Troupiers, die sich der Metzer Kapitulation entzogen hatten, sowie aus belgischen Soldaten, die von der Fahne desertierten, um gegen die verhaßten Deutschen zu fechten. Diese enfants perdus brachen jetzt von Osten her gegen Favreuil vor, indes von Westen die 24. Chasseurs der Brigade Lagrange, die sich jetzt endlich klar zum Gefecht machte, andrangen. Der kommandierende General des 23. Korps hatte nämlich nur auf den Abzug der Kummer'schen Batterien gelauert, um den Vorstoß zu beginnen. Da jedoch die gestern so übel heimgesuchte Brigade Michelet als ausgebrannte Schlacke gefechtsuntauglich schien, hat dies „Armeekorps" heute thatsächlich nur mit sechs Bataillonen auf der Walstatt geblutet incl. der Voltigeurs von Robin. Man muß sich daher hüten, die Mär von der riesigen Übermacht der Franzosen am 3. Januar wörtlich zu nehmen. Denn auch Korps Lecointe behielt einen großen Teil seiner Kräfte zurück, nämlich vier Marsch=, acht Mobilbataillone. Somit dürften nur 13 000 Mann Infanterie Faidherbes wirklich gefochten haben, was auf seine Leitung ein eigentümliches Licht wirft. Nicht mal die Artillerie kam vollzählig ins Treffen. Nur eine Zwölfpfünderbatterie ver= stärkte Payen aus der Armeereserve, und eine Vierpfünderbatterie Bessol's that nicht einen Schuß.

„Ja ja, sparen Sie nur mit der Munition!" warf Faidherbe hin, als er mit Lecointe die Lage besprach und sich über weitere Maßnahmen auseinandersetzte. „Unsere Artillerie darf Bapaume nicht zusammenschießen, das gebietet die Rücksicht auf die heimische patriotische Stadt. Feuern wir nur gegen die Batterien da im Süden!" Die vier Divisionsbatterien Kummers, die hinter Bapaume auf einer Windmühlenhöhe in Stellung gingen, sahen sich bis zur Nacht mit Schnellfeuer der französischen Geschützmassen überschüttet, was insofern Nutzen versprach, als sie so vom Gefecht bei Tilloy abgelenkt wurden, wohin Faidherbe am Nachmittag später den Hauptnachdruck verlegte. Ein artilleristisches Übergewicht wie sonst meist in diesem Feldzug hat überhaupt der Nordarmee gegenüber nur in sehr bescheidenem Maße den Deutschen geblüht, wo sie nicht erdrückende Überzahl in dieser Waffe hatten. „Die Preußen natürlich, wie man mir meldet, schießen in Peronne die Vorstädte nieder. Barbaren! Inhumanität!" Jede Belagerungsartillerie, eine französische erst recht in fremdem Lande, thäte natürlich das Gleiche, und der pathetische Protest des Gouverneurs von Peronne ob solch himmelschreiender Unbill stinkt förmlich vor Heuchelei gen Himmel. Doch die Franzosen sind stets unglaublich zartfühlend, wenn es die eigene Haut betrifft.

„Wir würden auch wenig ausrichten," bemerkte Lecointe trocken, „wenn wir Bapaume in Grund und Boden schössen. Die Deutschen kann man nicht herausschießen, das kennt man ja. Stürmen müßten wir doch, und das dürfen wir nicht, müssen unsere Kräfte schonen." Faidherbe nickte: der andere erriet seine Gedanken. Der Ort war zu fest, vielleicht glückte die Umfassung von Südwesten her. Thatsächlich unterbrach seine Artillerie nach 2 Uhr gänzlich ihr Kreuzfeuer gegen Bapaume, so daß die auf dem Marktplatz stehenden Reserven absolut außer Feuer standen. Die Granaten fuhren hüben wie drüben über die Dächer weg, im Duell der beiderseitigen Artillerie. Auch die Infanterie vor der Stadt machte nicht Ernst mit Sturmläufen am Nachmittag.

Zuerst versuchte Oberst Aynès von Westen einzubringen, zu welchem Behuf er 2. Chasseurs (II, III 67. Marsch in Reserve) vorwärts warf. Schnellfeuer der 65er, die jetzt den Stadtsaum frisch besetzt hielten — trotz der großen Bravour der Chasseurs, welche längs der „Avenue" bis auf hundert Schritt an die Preußen herankamen, mußten sie zurück. Später erneuerten die 17. Chasseurs der Brigade Pittié den Versuch, weiter westlich, und auch hier berührte der Anlauf — mit freilich recht unerheblichem Verlust, da die 17. Chasseurs später noch bei Tilloy fochten und doch im ganzen kaum fünfzig Mann verloren — bis auf achthundert Schritt den Verteidiger. Desgleichen warfen sich mehr nördlich seitens Division Bessol II, III (letzteres das Marinebataillon) 69. Marsch in die nächsten Baulichkeiten am Wall, vornehmlich eine Zuckerfabrik. Ein wirkliches Durchbringen des Angriffs war nicht zu verzeichnen. Außerdem behaupteten sich die 18. Chasseurs in der Vorstadt Avesnes, nebst I 44 Mobile vom Gard. Am Nordeingang längs der „Vorstadt von Arras" verwickelten sich später Teile des 72. Marschregiments (Gislain), das nur noch zwei Bataillone umfaßte, da das dritte zur Brigade Lagrange abgegeben war. Während deutscherseits der letzte Hauch von Mann — allerdings nicht „Roß" — und Waffe eingesetzt wurde, zersplitterte Faidherbe seine Masse in Einzelgefechten. Ein solches tobte jetzt besonders um Favreuil, das fünf Kompanien 68er vor dem Andrang von Lagrange eben räumte, als das 40. Regiment, dem Prinzen Albrecht unterstellt und schon um Mittag aufmarschiert, es sofort wieder angriff. Die reitenden Batterien des Prinzen, an einer Dampfmühle aufgepflanzt, bestrichen die Chaussee nach Arras, auf welcher und zu beiden Seiten Korps Jvoy sich vorbewegte. Dessen Artillerie schoß das Dorf in Brand, rücksichtslos gegen Freund und Feind, die sich im Innern mit außerordentlicher Erbitterung rauften, ohne daß die eine Partei es fahren ließ. Es gaben nämlich nun auch noch zwei Marschbataillone und I, II 47 Mobile (du Nord) der Brigade Lagrange dem blutigen Kampfe frische Nahrung, der um $^1/_23$ Uhr endlich mit dem Rückzug von I 40 endete, das sich gegen so große Übermacht mit auffallend geringem Verlust gewehrt hatte. Doch hatten sich erhebliche Teile der auf Favreuil dirigierten Franzosen seitwärts nach dem Gehöftcomplex St. Aubin gerichtet, aus dem sie F 68 vertrieben. II 40 unternahm jedoch, indes III 40 die weit bis zur Albert-Chaussee zurückweichenden reitenden Batterien, deren eine hierbei an einem Hohlweg beinahe in Hände der Chasseurs fiel, mühsam bedeckte, sofortige Wiedereroberung des Weilers St. Aubin, was um halbvier Uhr nach überaus hartnäckigem Gemetzel gelang. Eine halbe Marsch-Kompagnie — die Moblots fochten nicht viel, II 47 verlor nur ein paar Mann — ergab sich hier, allseitig umstellt. Eine Stunde später griff Payen diesen Punkt nochmals heftig an, 40 er und 68 er waren aber auf ihrer Hut und wehrten sich entschlossen ihrer Haut. Wie bei Amiens dem Kommandeur der 44 er, hätte Graf Goeben heute den 40 ern (und noch mehr der Brigade Strubberg) gratulieren können — seinen eigenen vor Kampfbegierde zitternden Schwadronen aber mußte man kondolieren!

Lagrange hatte in diesen Kämpfen, die erst um sechs Uhr in tiefer Nacht endgültig zur Ruhe kamen, mehr gelitten als alle übrigen Brigaden, etwa 400 Verlust, wovon 245 Köpfe allein auf sein Chasseurbataillon entfielen, das also heute ärger mitgenommen als irgend eine andere französische Truppe. Gestern Michelet, heute Lagrange, wahrlich Schiffskapitän Payen hatte zu Lande Unglück! Dagegen beglückwünschte Faidherbe, der jetzt auf der Westflanke hinter Tilloy die Dinge in Augenschein nahm, den dortigen Befehlshaber: „Ich mache Ihnen mein Kompliment, ich sehe Ihre Leistung mit eigenen Augen!" Oberst Pittié hatte nämlich hier, auf Faidherbes Geheiß, gegen die südwestliche „Vorstadt von Peronne" herumgeschwenkt und die Dörfer Tilloy und Ligny nach drei Uhr angegriffen. Die Gefahr, von dort die Chaussee Arras-Peronne zu zerschneiden und Bapaume von Süden abzusperren, drohte hier so sehr, daß Goeben, der persönlich erschien und sich der herrlichen Hingebung seiner Truppen freute, nicht nur die 8. Jäger und zwölf Reservegeschütze, sondern auch noch III 33 (bisherige Reserve) dorthin in Bewegung setzte. Der rasch vorwärts dringende Angriff von 17. Chasseurs und I 68 Marsch brachte Tilloy in ihre Hand, vier Uhr. Die Rheinischen Jäger, die im Verein mit den Batterien den im freien Felde stürmenden Franzosen übel mitgespielt hatten, wichen auf diese Reserveartillerie zurück, die leider ihr Feuer einstellte, weil die Dunkelheit völlig den Standort des Gegners verdeckte. Jetzt tauchte aber das Detachement Mirus (I 69 3 Schwadronen 4 Geschütze) um halbsechs Uhr ganz westlich in Flanke der Franzosen auf und griff eifrig ein. Ligny aber schützte schon ganz allein die 3. Jägerkompagnie, die vom ummauerten Kirchhof I 67 abschlug, das Aynès hierher entsendet hatte. Ihre hundertsechzig Büchsen verschossen pro Stück über sechzig Patronen mit solchem Erfolg, daß dies Bataillon Aynès' 117 Köpfe einbüßte, was im Verein mit Einbuße seiner 2. Chasseurs und einiger Teile von III 67 ihm einen Brigadeverlust von 300 Mann brachte, indes die übrigen Brigaden Lecointe's zusammen nur 5—600 verloren! Das 68. Marsch Pittié's, nur zwei Bataillone, weil das dritte zu Etappenzwecken detachiert, ließ sogar 5 Offiziere 147 Mann auf der Walstatt, jedoch größtenteils Gefangene, in Tilloy zurückgebliebene Nachzügler, als dies eroberte Dorf wieder geräumt wurde. —

Zwei hochgewachsene Offiziere schritten langsam die Chaussee herauf, die augenblicklich leer von Train und Truppen. Sie blieben in einer Batterie stehen. Goeben, vom langen Sitzen im Sattel ermüdet, war abgestiegen und schlenderte nun, Hände auf dem Rücken, langsam auf und ab. Zu seiner hohen hageren Gestalt bot die seines Stabschefs Witzendorf ein würdiges Gegenstück. Der Chef der Batterie meldete sich. Goeben schlenderte weiter. Der oberste Artilleriekommandant an diesem Punkte berichtete. Der General warf einen prüfenden Blick umher. Tilloy im Westen stand in hellen Flammen, angezündet durch Artillerie Derrojas beim Angriff ihrer eignen Truppen, die jetzt selber durch den Brand das Feuer von sechzehn deutschen Geschützen auf sich zogen und im Innern einen schweren Stand hatten.

„Sind Sie noch gefechtsfähig genug? Ihre Bespannung hat gelitten."

„Zu Befehl, Excellenz, wir sind immer gefechtsfähig. Zu schnelleren Gangarten reicht's freilich nicht aus, doch bewegen können wir uns noch, und jedenfalls sind wir noch erträglich schußbereit."

„Na, das ist brav von Ihnen. Dann halte ich's auch für richtig, daß Sie den Punkt hier halten. Unterstützung durch Infanterie giebt's nicht. Doch glaube ich nicht, daß Sie ernstlich bedroht werden. Soweit ich die Sachlage beurteilen kann, geht auch beim Gegner die Kraft zur Neige." So war es.

Bei Tilloy waren die Brigaden so durcheinander geraten, daß Kompagnien 2. Chasseurs von Aynès sich in dortiger Gegend herumtrieben. Man konnte beiderseits nichts mehr sehen. „Sind das Preußen?" unterhielten vorgehende französische Schwärme sich laut, wenn sie bis auf fünfzig Schritt an gedeckt liegende Jägerschwärme vorkamen, bis Schnellfeuer und Hurrah sie belehrten.

Bald darauf traf der Kommandierende den tüchtigen General v. Kummer, dem er seine Anerkennung aussprach. Auf kurzes Befragen kurzer Bescheid.

„Ich glaube, es geht noch. Und Excellenz bringen uns etwas Munition . . . aber . . ."

„Weiter nichts? Leider. Kann nicht versprechen, daß zum Abend frische Kräfte von Peronne her vorgehen werden. Ich habe keine Infanterie. Zur Not hilft Kavallerie aus, muß decken."

„Dazu wird es nicht kommen, so Gott will. Vielleicht eröffnet der Feind noch zum Schluß ein furiöses Massenfeuer, das ist ja so seine Mode, die wir kennen. Erfahrungsgemäß damit verbunden ein kurzer Vorstoß."

„Ja — der erfahrungsgemäß scheitert. Ich bin ganz beruhigt, mache Sie nur darauf aufmerksam, daß Sie sich heut ein besonderes Verdienst erworben haben. Im Gegenteil will ich dem Schwerenöter Faidherbe jetzt das Handwerk legen, seiner Umfassung vorbeugen. Strubberg soll I 65 F 28 von Norden gegen Tilloy führen, III 33 kommt von Osten, Mirus von Westen. Da wollen wir doch mal sehen, ob die da drüben ihr Mütchen kühlen dürfen."

Goeben stieg wieder zu Pferde und schied mit herzlichem Händedruck. Er hätte beinahe den Witz gemacht: Dieser Kummer macht mir keinen Kummer.

Überall bei den Führern, wo er die Kampflinie beritt, machte seine Klarheit, seine knappe Befehlsform einen erhebenden Eindruck. Sein Wort galt nun einmal als oberste Autorität, und jeder fühlte sich geschmeichelt, wenn er die Auffassung der Gefechtslage für richtig erklärt hatte. Aber er selbst fühlte sich wie von Centnerlast befreit, als die Nacht dem ungleichen Kampfe ein Ende machte. So ritt er still durch die Schneefelder in der lichten Mondnacht, schweigender Zuhörer und Zuschauer des energischen Schlußakts. —

Die rheinischen Jäger, bei St. Hubert und Daours schon so

wesentlich zum Gelingen beitragend, gaben heute ihre Salven nach
Tilloy hin mit einer Treffkunst ab, an der alle Stürme sich blutig
brachen. Als daher zwanzig preußische Kompagnien vorrückten, räumte
Pittis auf höheren Befehl das Dorf ohne Schwertstreich. Die
Kavallerie hatte heut ein ähnliches Schicksal wie an allen Schlacht-
tagen der Nordarmee: sie feierte fast ganz in selbstgewollter Unthätigkeit. Durch schwieriges Gelände zu gehen, wäre ihr freilich
vorbehalten gewesen, doch die anderen Waffengattungen hatten doch
auch beim Anmarsch den winterlichen Boden zu bewältigen und
hatten sich doch gefechtsmäßig aus dem Gelände herausgezogen.
Da sich bei ihrer ursprünglichen Aufstellung, aus der sie sich kaum
rührte, nirgends Gelegenheit zu wirksamen Attaquen zu bieten
schien, so wurde die Kavallerie, soweit sie näher vorgeschoben war,
wieder zurückgenommen bis hinter die Chaussee, wo sich das Gros
der Reiterdivision sammelte. Ihre Batterien waren in die Artillerielinie der Division Kummer eingerückt, standen dort schon früher.
Einige Kompagnien, die besonders gelitten hatten, gingen bis an
die Chaussee zurück. Die Vordertruppen hielten jedoch unerschüttert
stand, wo sie mit zähem Mut festen Fuß gefaßt hatten. Das
wichtige Tilloy konnte vom Feind nicht wieder genommen werden.
Vorsichtig, stets auf ihrer Hut, hatten sie mit vereinten Kräften den
überlegenen Anprall jedesmal abgelehnt, indem die hinter ihnen
formierten schwachen Reserven, nämlich frischgesammelte Teile, regel-
mäßig wieder mit vorgingen und unterstützten. Ein stehendes
Schützengefecht schloß sich daran, nachdem französische Batterien
und Tirailleurketten noch einmal offensiv vorgeführt, doch auf
halbem Wege stehengeblieben waren. —

Noch stand der Feind unmittelbar gegenüber, Erneuerung des
Angriffs am 4. ließ sich erwarten, so gab denn Goeben schon Be-
fehl aus, nur Kavallerie solle dicht am Feinde bleiben. „Ich gebe
Peronne auf und gehe hinter die Somme zurück!" Aber dazu
sollte es nicht kommen. In der Nacht befiel den General ein
Herzklopfen, Symptom seines Herzleidens, vor Sorge und Er-
regung. Brach Faidherbe morgen durch, wie mit unzulänglichen
Mitteln ihn aufhalten? Angekleidet auf dem Bette liegend, horchte
er schlaflos auf jedes Geräusch bis zur Morgenfrühe, um der
Meldung eines neuen Angriffs gewärtig zu sein. Der Feind zeigte

sich stärker an Zahl als bisher, seine innere Stärke nahm gleichfalls zu, er hatte sich entschlossen geschlagen. Was nun? Da wird die Thür aufgerissen, Ordonnanz von Prinz Albrecht: „Der Feind zieht ab!" Wie elektrisiert sprang Goeben auf und atmete tief. —

Faidherbe war mit sich zu Rate gegangen, ob er weiteres Vorgehen wagen dürfe. Trotz der guten Haltung seiner Truppen waren sie erschöpft und schwer erschüttert: diesem Umstand mußte man Rechnung tragen. Im Unklaren über die Zahl der gegenüberstehenden Deutschen, fürchtend, daß sie sich bald außerordentlich verstärken würden, verzichtete er notgedrungen darauf, den Entsatz von Peronne sofort zu erzwingen, d. h. der Deckungsarmee eine Niederlage zu bereiten. Eines taktischen „Sieges" berühmte er sich ohnehin, obschon der strategische Zweck gescheitert und hier der Gewinn nur auf Goebens Seite lag. So paßte der französische Führer sein Verhalten der scheinbaren Möglichkeit an und — zog ab. „Hurrah!"

In drei Tagen habe ich ihn!"

Faidherbe hatte natürlich „gesiegt", hielt sich aber noch am 9. sorglich zurück und Peronne kapitulierte. Der Entsatzversuch war also gescheitert, Goeben als neuernannter Oberbefehlshaber der I. Armee in Amiens. In der Gefahr unendlich ruhig, wurde er jetzt nervös, wo er aus der Ferne Faidherbe's Absichten erraten sollte. Moltke riet von Vorgehen gegen die feindlichen Nordfestungen ab, Goeben möge sich darauf beschränken, den Feind von Paris fernzuhalten. Kundschafternachrichten liefen ein, Faidherbe wolle sogar den rechten deutschen Flügel umgehen! Goeben, unermüdlicher Arbeiter, unterschrieb täglich neue Ordres, eine allgemeine Konzentration zu veranstalten. Das I. Korps Bentheim mußte immer neue Bataillone von Rouen her zur Abfahrt per Bahn fertig halten. Es schien möglich, daß Faidherbe einen östlichen Flankenmarsch auf St. Quentin ins Auge faßte, und dann Aussicht dazu, mit überlegener Manövrierfähigkeit entscheidend über ihn herzufallen. Was blieb Faidherbe eigentlich anders übrig, wenn er eine ernste Diversion mit dem geplanten großen Ausfall der Pariser kombinieren wollte? Der Flankenmarsch war äußerst gefährlich, konnte aber vielleicht etwas fruchten, jede andere Operation aber war zwecklos, es sei denn einfaches Stehenbleiben vor den Nordfestungen, was der Gesamtkriegslage widersprach. Am 14. ward Faidherbe's Hauptquartier Bapaume — er beobachtete das jetzt von Barnekow besetzte Peronne — beinahe durch eine einzelne reitende Batterie (Oberst v. Wittich, 9. Husaren) ausgeräuchert. Die Goeben zur Verfügung gestellte sächsische Kavalleriedivision Graf Lippe (von der Pariser Cernierungsarmee) bewachte St. Quentin. Vier Landwehrbataillone trafen nach einander ein, um Linienbataillone abzulösen, die so disponibel wurden. Die Kavallerie leistete jetzt weit mehr, als früher, unter dem belebenden Einfluß des neuen Oberkommandos, gleichwohl konnten Patrouillen wegen Glatteis nicht viel ausrichten, wurden heruntergeschossen oder eingefangen.

Am 15. schlug das Wetter um, Regen. Goeben sandte eine gefangene Ordonanz Faidherbe's mit einem Pferde desselben an ihn zurück, seinem Grundsatz gemäß, humanen und chevaleresken Verkehr mit dem Gegner anzubahnen. Da kam plötzlich Gewißheit, daß die „Nordarmee" thatsächlich in voller Schwänkung auf St. Quentin sei, die deutsche Verbindungslinie bedrohend. Unverzüglich erteilte Goeben die sichersten und klarsten Befehle, um ihm seitwärts in Eilmärschen zu folgen. Das VIII. Korps und Prinz Albrecht vorn bei Ham, I. Korps und Groeben in Richtung über Peronne folgend. Wieder hatte mangelhafte Aufklärung einen Schaden verursacht, den nur gutes Marschieren einbringen konnte. Am 14. nämlich erfuhr Goeben richtig Faidherbe's Anwesenheit in Albert, wo er ihn noch immer vermutete und daher auf den 17. einen Angriff dorthin veranlagt hatte. Schon 16. mittags fanden Vorposten jedoch Albert geräumt, Faidherbe zog schon Tags zuvor von dort ab, und erst am 17. früh kam dies zu Goebens Kenntnis. Nun galt es Gewaltmärsche, den kecken Feind einzuholen, und ihn zu fassen erforderte eine Vorbedingung: daß die deutschen Veteranen besser marschierten als die Miltzen. Dies war natürlich der Fall, aber nur auf solcher Grundlage stimmte die Feldherrnberechnung Goebens, nur so! Um 11 Uhr nachts erhielt er ein sehr ermutigendes Telegramm von Moltke, schweigend über jede Instruktion, also alles dem Ermessen Goebens überlassend, aber ihm noch eine Brigade der Maasarmee per Bahn überweisend: „Bestimmen Sie Ausladepunkt." Da jetzt auch das XIII. Korps (Mecklenburg) von Südwesten her nach Rouen abrückte, seit dem Sieg von Le Mans an der Loire überflüssig geworden, konnten wohl noch weitere Bataillone I. Korps bei Rouen entbehrt werden. Nie war die deutsche Nordarmee so stark gewesen, trotz aller vorhergehenden Verluste und Strapazen, nie hatte der getadelte Manteuffel solche Massen zur Verfügung gehabt. Da durfte Goeben wahrlich guten Mutes sein. Freilich waren seine Abteilungen bei dem hastigen Vormarsch recht auseinander gekommen, ein Teil stand noch fünf Meilen von St. Quentin, als Kummer mit dem Gros des VIII. Korps und viel Kavallerie am 18. Januar etwa $1^{1}/_{2}$ Meilen vor dieser Stadt auf den Feind stieß. Goeben sprach auf dem Marsche noch mit einigen Führern, erließ dann abends einen scharfenergischen Armeebefehl, auf der Annahme basiert, daß Faidherbe noch nicht über St. Quentin hinaus sei. Das bewahrheitete sich, der Feind bot Schlacht an, etwa $^{1}/_{2}$ Meile vor der Stadt. Centrum und Linke stark auf Höhenplateau, Rechte hinter und in Wald und Dörfern. Die deutsche Linke, 20 Bataillone, 17 Schwadronen, 16 Batterien unter Kummer und Groeben, sollte wie so oft einen Hauptschlag thun und befand sich daher der Stabschef des Rheinischen Korps, Oberst v. Witzendorf, dort persönlich. Die Rechte unter Barnekow und Albrecht, seitwärts unterstützt durch Graf Lippe, bestand aus 15 Bataillonen (worunter 1 von der Maasarmee, per Bahn bei Nacht zu Goeben gestoßen), 33 Schwadronen, 9 Batterien. Das Centrum aber, zugleich als „Heerreserve" gedacht — **ein Centrum als Reserve!!** — folgte zwischen beiden großen Flügeln auf der Chaussee Ham=St. Quentin: nur 3 Bataillone, 2 Batterien, 3 Schwadronen! Und diese drei Teile obendrein durch Fluß und Kanal getrennt!

Die Gesamtmacht, die sich am 19. seit 8¹/₄ Uhr in Bewegung setzte und um 9 bezw. 10 Uhr ihre ersten Kanonenschüsse löste, betrug reichlich (falsche Angabe: 32500 Infanterie und Kavallerie, 161 Geschütze) 36000, wobei sogar zwei weitere Bataillone der Maasarmee, die erst nachmittags eintrafen, nicht mal mitgerechnet. Faidherbe's Streitmacht wurde von Goeben (und ungenauen späteren Geschichtswerken) auf 45000 „Mann" geschätzt, eine Verpflegsstärke, von welcher Goeben's eigene Armee incl. Artillerie und Nichtkombatanten nicht allzuweit entfernt war! In Wirklichkeit war Faidherbe, selbst wenn man 10000 Nationalgarden als „Soldaten" rechnet, nicht mal an Infanterie irgendwie erheblich überlegen, während Goeben eine fast doppelte Übermacht in der ausschlaggebenden Waffe der Artillerie und eine achtfache an Reiterei besaß.

Seit er am 10. dem großen Hauptquartier gemeldet hatte, er sammle sein ganzes Heer in der Linie Amiens=St. Quentin, haftete Goebens Blick stets auf Quentin, wie das Auge Faidherbes auf diesen Punkt gerichtet war. Doch blieb die Möglichkeit offen, die Goeben mit seinem Stabschef erwog: „Kann die Bewegung von Albert auf Combles nicht blos ein Scheinmanöver sein, um uns nach rechts zu locken, damit wir die Straße nach Amiens freigeben? Wie dem auch sei, wir haben die doppelte Aufgabe: sowohl die rückwärtigen Verbindungen — Richtung auf Laon — zu decken, als die Belagerung von Paris zu sichern."

„Aber es scheint recht verlockend, unsere Armee direkt in den Rücken des Feindes zu führen, um ihn von seiner Basis, dem nordfranzösischen Festungsviereck abzuschneiden. Das ergäbe ein riesiges Resultat!"

„Ganz recht, aber dann weicht Faidherbe nolens volens — es bleibt ihm ja nichts anderes übrig, um sich dem vernichtenden Schlag von Norden zu entziehen — nach Süden aus, zerstört unsere Bahnen, ruiniert die ganze Etappenorganisation im Rücken der Pariser Belagerungsarmee, stiftet unberechenbaren Schaden, selbst wenn es uns unzweifelhaft gelingt, ihn später einzuholen und zu zermalmen. Die Verhältnisse liegen für Frankreich so verzweifelt, daß es auf die Existenz der kleinen Nordarmee nicht mehr ankommt, wenn nur unsere Etappen gesprengt und hierdurch unsere gesamte ökonomische Existenz unterbunden wird. Nein, es geht nicht!"

Die auf beiden Ufern der Somme dislozierte Armee nicht vorzeitig weder rechts noch links zusammenzuziehen, gebot sich durch diese vorsichtige Berechnung. Sie blieb so in zwei Gruppen geteilt, um sich sowohl südwärts vorlegen, als nordwärts ein Ausweichen nach Norden — und von da auf Nordwesten nach Paris — verhindern zu können. Indem er dann, sobald Gewißheit über Faidherbes Marsch erlangt, letzteren parallel begleitete, that er keinen Schritt vergeblich. In der Nacht zum 17. Januar sah der dienstthuende Adjutant, der neben dem matterleuchteten Schlafzimmer des Feldherrn schlief, plötzlich die hagere Gestalt Goebens aus dem Bette steigen. Er beugte sich über die Karten auf dem Tische, griff dann zwischen Daumen und Zeigefinger wie mit dem Zirkel eine Distanz vom Kilometermaßstab ab, übertrug diese auf den Plan und murmelte dann halblaut: „In drei Tagen habe ich ihn." Das stimmte pünktlich, aber ließ sich denn wirklich übersehen, ob Faidherbes Linksabmarsch nicht vor Goebens Rechtsabmarsch einen Vorsprung gewinnen würde?

Die Nordarmee hatte sich beim Vormarsch in glücklicher Stimmung befunden. Sie bildete sich ein, ganz Frankreich sehe auf ihre bisherige gute Haltung, das Heil des Feldzugs hänge von ihrer jetzigen Offensive ab, die doch günstigstenfalls den Deutschen nur Ungelegenheiten bereiten, nicht entfernt das Schicksal des Feldzuges in Frage stellen konnte, das bei Le Mans und Belfort in Hinsicht auf Paris entschieden wurde. Trunken von Begeisterung, wie einst die I. Loirearmee, schien sie freilich nicht, dazu gehörte eine Persönlichkeit wie Chanzy, die zu begeistern verstand. Das war nicht Faidherbes Sache. Aber sein unerschüttertes Selbstvertrauen färbte auf die Truppen ab. Er redete ihnen so lange vor, daß sie bei Bapaume und an der Hallue gesiegt hätten, bis sie es selber glaubten. Wenn auch nicht ihrer Liebe, so war er doch ihrer Dankbarkeit für gerechte Behandlung und Fürsorge für ihr leibliches Wohl bisher sicher gewesen. Nun aber hatte er mit dem Brauche, den er so sorgfältig beobachtete, nichts Großes aufs Spiel zu setzen, keine übermäßige Anforderung an die Leistungsfähigkeit zu stellen, endgültig gebrochen.

Nur Faidherbe selber blieb wohlgemut, bewahrte wenigstens imponierende Ruhe, gute Miene zum bösen Spiele machend. „Wir können also die Linie Compiègne-Laon nicht mehr erreichen, unsere Spitzen sind zu spät südlich von St. Quentin eingetroffen, das ist klar. Wir haben uns etwas verrechnet. Doch auf Zusammenstoß mit dem Feind mußten wir ja rechnen, ein Goeben läßt uns nicht ohne weiteres durch. Doch wer weiß, ob er morgen schon sein ganzes Heer heran hat! Vielleicht wird's ein Defensivverfolg wie an der Hallue. Jedenfalls bleibe ich ganz von der Notwendigkeit durchdrungen, so viel Kräfte wie möglich von Paris auf uns abzuziehen. Ich glaube, zu diesem Ziel gelangt zu sein. Es läuft Gerücht um, daß Teile der Maasarmee per Bahn hierher abgehen. Da wäre ja, was wir wollen! Nein, meine Herren, als mich Depesche aus Bordeaux vom Herrn Freycinet in Kenntnis setzte, daß ein letzter großer Ausfall aus Paris bevorstehe, da schwankte ich keinen Augenblick. Der Augenblick zu entschlossenem Handeln, zur Selbstaufopferung ist gekommen. Wie auch die Würfel fallen, wir werden unsere Pflicht thun, nicht wahr?" Er schied mit Händedruck von seinen Korpsgeneralen, die er zu kurzem Kriegsrat versammelt hatte, und auch diese gelobten sich Festigkeit. Man wird kämpfen. Ob besiegt oder unbesiegt, mit Ehren zu Grunde gehen.

„St. Quentin ist eine patriotische Stadt," bemerkte General d'Jvoy zum General Jsnard. „Man erinnert sich, wie am 8. Oktober hier Feuerwehrleute und Franctireurs der Nationalgarde ein starkes Detachement abschlugen. Herr Anatole de Forge, der Aisne-Präfekt, diese Autorität in Ehrenhändeln, dabei verwundet, der Gentilhomme! Ach, am 21. von 4000 Preußen besetzt, — die kommen immer wieder, wie Ungeziefer — eine Million Franken Kontribution, alle Gewehre der Nationalgarde ausgeliefert und alle Vorräte der Tabaksregie! Und nun soll es ihr schon wieder so übel ergehen! Denken wir morgen daran, daß wir den Feind von der braven Stadt fernhalten, so lange es geht! Schlagen wir uns zum Schutz dieser patriotischen Bürger!" —

Faidherbe verzeichnete am 2. und 3. Januar einen Verlust von 53 Offizieren 2119 Mann, wovon 500 Gefangene. Trotz allen Eifers der organisierenden Zivilbehörden war es noch nicht gelungen, die Mobilisés durchweg anständig zu bewaffnen. Zu Neujahr kam es noch vor, daß sogar ein Mobilgardenbataillon der Aisne, das mit der Bahn nach Cambrai fuhr und 163 aus Gefangenentransporten Entwischte bei sich hatte, sich nur mit Mühe vor einer sächsischen Streifpartei rettete, weil die Hälfte keine Patronen hatte und ein Viertel der Gewehre unbrauchbar waren. Zwischen Moblots und Mobilisés bestand solche Abneigung, daß bei Longpré erstere vor Zorn auf fliehende Nationalgarden feuerten. Die Brigade Pauly, die am 15. zur Armee stieß — sechs Nationalgardenbataillone von Pas de Calais und Arras, rund 2800 Mann — verfügte nur über 300 Chassepots, der Rest alte umgearbeitete Perkussionsgewehre. Der General Robin genoß keines Vertrauens bei seinen Leuten. Es ging die Anekdote über ihn um, daß am 3. Januar die von Favreul entweichenden 1. Voltigeurs ihn gemütlich beim Frühstück gefunden hätten, während am 2. beim Vorgehen von II 1. Mobilisés angeblich sein Dolmetscher — für deutsche Gefangene! — an seiner Seite erschossen worden sei: das habe ihm solchen Schrecken eingeflößt, daß er sich von jetzt ab weislich außerhalb der Feuerzone hielt.

Eine wesentliche Stärkung empfing die Armee hingegen durch die Brigade Isnard. Ihren Kern bildete das 73. Marsch, ein sehr gutes Regiment, auch erst am 12. Januar errichtet, aus einem Depotbataillon und 900 Mann des bei Wörth hervorragend fechtenden 3. de ligne, die am 31. August über Mézières entkamen. Dazu ein Depotbataillon III 24. Ferner als Chasseurbataillon eine „Legion" Nationalgarde des Nordens und eine Zuavenkompagnie. Zwei Bataillone Mobilgarden der Ardennen. 8 Gebirgsgeschütze, 2 glatte Haubitzen. Die Truppe mochte ursprünglich 4500 Mann gezählt haben, am 19. Januar betrug sie höchstens 4000. Zu Robin stieß ein neues 3. Voltigeurbataillon. Faidherbe hatte diese Division „dezimiert", indem er ein Zehntel der Marschtruppen als stützende Cadres zu den Nationalgarden versetzte. Diese hatten bei den Gewaltmärschen eine Unmasse Kranke und Deserteure verloren, so daß sie schwerlich mehr als 5000 Mann zählten. Bei der Marschinfanterie trafen in St. Quentin etwa 800 Ersatzreservisten ein, vorher auch noch einige Hundert. Das Korps Lecointe zählte daher 14 000, Division Payen 6500 Mann. Die Nordarmee also im ganzen rund 32 000 Infanterie, 800 Kavallerie. Faidherbe u. a. geben niedrigere Ziffern (ca. 25 000 Infanterie), wobei allerdings die großen Marschabgänge und die Verluste am 18. mit berücksichtigt wurden, was aber auch bei obiger Berechnung stimmt. Dazu 99 Geschütze. (Deutsche Statistiker berechnen 34 000 Mann Infanterie, also 9000 Mann mehr als die französischen Quellen, jedoch ohne überzeugenden Grund: unsere obigen Ziffern halten die Mitte).

Man darf nicht verkennen, daß unser I. und VIII. Korps sozusagen die Blüte ihrer Kraft, den besten Stamm der Kriegsformationen und

die Mehrzahl der Offiziere auf den Schlachtfeldern ließ. Die 40er hatten seit dem 6. August schon 57 Offiziere, die 28er 43 verloren, einige Regimenter über tausend Mann. Die „Nordarmee" aber hatte bereits solche soldatische Haltung gewonnen, daß am 4. Januar eine stürmische Attake von zwei Kürassierschwadronen auf die Nachhut der 20. Chasseurs mit großem Verlust (allein 73 Pferde) scheiterte, weil der französische Kompagnieführer ganz gelassen erst auf achtzig Meter gegen die herandröhnenden Geharnischten den Feuerstrom losließ: ruhiger hätte sich die „älteste" Truppe nicht benehmen können. Ebenso wurden verschiedene Überfälle gut durchgeführt, die den deutschen Reisigen über hundert Mann und viele Pferde kosteten, besonders der 12. Kavalleriedivision Lippe in St. Quentin am 16. Januar. Die deutschen Streifpatrouillen schwärmten jetzt, von Goeben angetrieben, so flink zwischen den feindlichen Marschsäulen umher, wie bei der Sedanoperation, wobei besonders die 9. Husaren mit unerhörter Dreistigkeit einen Batteriechef vor der Front seines Geschützzuges abfingen. Indes die deutsche Armeebreite von 85 km sich auf die Hälfte verringerte, fielen eine Reihe Scharmützel bei den Marschtêten vor. Die natürliche Folge war, daß Division Kummer im Südwesten von St. Quentin auf die Marschkolonnen du Bessols stieß, deren Brigade Gislain am 18. schon bei Roupy südlich der Stadt, auf der Chaussee von Peronne, eintraf. Die Trains — des Korps Lecointe von I II 69 Marsch, der Division Bessol von III 44 Moblot, des Hauptquartiers von I 44 gedeckt, sämtlich zur Brigade Förster gehörig — wurden alsbald von den Königshusaren attakiert und viele Mobilgarden gezwungen, die Waffen niederzulegen, als I 101 Mobilgarden (Gislain), das, offenbar verspätet, eben vorüberzog, durch rücksichtsloses Massenfeuer die Husaren nötigte, ihre Beute fahren zu lassen. Du Bessol verschmähte sehr richtig, den Kampf aufzunehmen. „Melden Sie dem General Derroja", beauftragte er seinen Ordonnanzoffizier be Courson, „daß ich ruhig weiter marschiere. Dem Feind ist es ja doch nur darum zu thun, unsern Marsch zu stören."

24 preußische Geschütze und die 65er beherrschten jedoch den Abmarschraum, so daß sich wenigstens vier Geschütze Bessols auf der Chaussee bei Beauvois engagieren mußten. II 69 Marsch nahm neben II 43 Moblots Stellung, das Marinebataillon des 69. kam sehr ins Gedränge, so daß sich eine Kompagnie nicht anders zu helfen wußte, als einzeln hintereinander über die bestrichene Feuerlinie wegzulaufen. Während Bessol um zwei Uhr südlich abmarschierte, mußte Derroja auf gemessenen Befehl Faidherbes, der durchaus noch keine Klarheit über Goebens Absichten gewann, von St. Quentin, wo Brigade Aynès, und gar von Essigny — weit südlich der Stadt, schon östlich der Pariser Chaussee —, wo Pittié mittags lagerte, nach Westen Kehrt machen. Ein unglückseliger Befehl! Wähnte Faidherbe die ganze Armee Goebens noch westlich der Peronner Chaussee und daher Division Payen gefährdet, die östlich dieser Straße noch etwas zurück war? Pittié ging wenigstens nur bis Grand-Seraucourt zurück, von wo er auf Bessols Verantwortung wieder umkehrte. Aynès aber, der sieben Uhr morgens von Vermand — weit nordwestlich St. Quentin, Chaussee Amiens-St. Quentin über Pouilly-Vermand — aufbrach, mußte von der Stadt, wo er ausruhte, wieder nach Vermand zurück, kam dort um acht Uhr nachts an und erfuhr, daß nichts für ihn zu thun sei, kehrte also wieder eiligst um. Als diese geplagten Truppen sich mitternachts wieder in St. Quentin schlafen legten, wo sie ihre Mittagssiesta gehalten hatten, fielen sie vor Ermattung nieder, ohne ihren nagenden Hunger zu stillen! Zwölf Stunden Marsch, von denen acht unnütz! So etwas darf man nicht den gehorsamsten Truppen bieten.

Mittlerweile schloß der Tag noch mit wirklichem Mißgeschick ab. Die Dragoner „Du Nord" hatten im allgemeinen wenig genützt, jetzt aber machte sich ein junger Dragonerlieutenant durch übel angebrachten Eifer unnütz. Als der Train Lecointes unter Kanonendonner durch Pouilly auf Vermand zog (östlich der Peronner Chaussée, in voller Sicherheit), sprengte dieser junge Herr heran und rief dem Kommandeur der Bedeckung mit Stentorstimme zu: „Da muß Hilfe geschafft werden! Warten Sie nur, ich bringe sie!" Kraft seiner strategischen Einsicht fühlte er sich gedrungen, den alten General d'Jvoy, auf dessen Standort bei Vermand er zusprengte, über die angebliche Not Bessols zu unterrichten. Hier winkte offenbar dem sachkundigen Diensteifer ein Kreuz der Ehrenlegion!

Gesagt, gethan. Brigade Lagrange, die auch schon Vermand durchschritt, mußte auf Pouilly abschwenken, sogar das Trainbedeckungsbataillon I 69 Marsch (der Brigade Förster des andern Armeekorps) nahm b'Jvoy unter sein Kommando und schickte es auf seine Verantwortung nach Pouilly, wie er bereits sein 19. Chasseurbataillon, das seinen Train bedeckte, gleichfalls dorthin zog. Um drei Uhr hatte er es mit diesen zwecklosen, unsinnigen Anordnungen so weit gebracht — zugleich an Faidherbe in diesem Sinne berichtend —, daß die ganze Division Payen, statt pflichtgemäß laut Armeebefehl weiter zu marschieren, zum Gefecht entwickelt stand, Front nach Westen. Nur das schlechte Bataillon „Mobilisierte von Arras" (Lagrange) blieb in Reserve. Und dies alles, obschon doch bei Beauvois an der Chaussee das Gefecht schwieg, also Bessol ganz gemütlich abgezogen war, die ganze Lage aber unverweilten Weitermarsch ostwärts bis zur Chaussee nach Laon bedingte. Hätte Bessol dies geahnt, würde er freilich besser gethan haben, nun doch den Kampf fortzusetzen, da die 15. Division so zwischen zwei Feuer geraten wäre. Und hätte b'Jvoy geahnt, daß gleichzeitig die Armeeabteilung Graf Groeben (Division Memerty und Kavallerie Dohna) mit 8 Bataillonen, 14 Schwadronen, 30 Geschützen von Nordwesten her in seine Weiche stoßen könne, würde er wohl seine Absicht ohnehin aufgegeben haben! So geht es im Kriege zu, wenn man nicht aufpaßt.

Graf Groeben, der als Kavalleriegeneral von Beruf nur von der Kavallerie nichts verstand, sonst aber ein ganz tüchtiger Führer war, ließ Pouilly sofort in Brand schießen und das bewährte Ostpreußische 4. Regiment den Ort wegnehmen, dessen Besatzung (19. Chasseurs und zwei Kompagnien I 69 Marsch) übel zugerichtet wurde. Nur 3 Offiziere und 30 Mann vom 69. schlugen sich durch unter einem Hauptmann Dancla, liefen dann einem Ulanenzug in die Arme, wiesen ihn aber ab. Die Chasseurs wurden, als sie aus den Häusern heraneilten, auf der Dorfstraße reihenweise niedergeschossen, ihr Kommandeur mitten darunter, Schuß in die Brust. Die andern Kompagnien vom I 69. Marsch gingen in Caulaincourt zu Grunde, das von den Rheinischen Jägern Kummers und den 4ern gleichzeitig überrumpelt wurde, als sie in voller Seelenruhe dort einmarschieren wollten. Nur Major Perrier mit 150 Mann entkam durch die Büsche. Diese altfranzösische Sorglosigkeit wiederholt sich doch immer. Die 24. Chasseurs überraschte gleichfalls ein Ulanenritt, der zwar sehr brav bis in die Masse eindrang, aber böse für die Lanzenstecher endete — ein Major, ein Rittmeister, ein Lieutenant wurden verwundet, ein Reservelieutenant getötet.

Um vier Uhr gewannen die 65 er Kummers, die jetzt über die Peronner Chaussee drangen, auch ein stecken gebliebenes Geschütz, und zwar eins

der vier, die den Abmarsch Beffols gedeckt hatten. Plautz! war es mit
Fahrer, Stangenpferd und Protze im Wasser verschwunden, in einem ge=
frorenen Tümpel eingebrochen. — Nicht so heiter ging es bei Groeben
her, wo Brigade Lagrange nach Weichen der Marinefüsiliere mit Élan
losging. Die preußischen Geschütze avancierten über die hohlwegartige
Schlucht von Pouilly und bearbeiteten das Waldstück von Vermand. Die
Bürgerwehrbatterie du Pas de Calais, genannt „Belvalette", hielt sich
hier sehr wacker gegen die Übermacht. Die Massen der Division Payen
in hackenförmiger Aufstellung, mit geschickter Benutzung der Büsche und
Böschungen, ließen sich jetzt nicht mehr verdrängen, vor ihren langen
Schützenlinien auf der Römerstraße kam jeder Vorstoß zum Stehen, den
seit fünf Uhr die 44er vom östlichen Rand der Waldschlucht aus versuchten.
Auch die 1. Grenadiere sollten vor sechs Uhr noch eingreifen, als das Auf=
tauchen starker Kolonnenspitzen auf der linken Flanke Groebens diesen,
zumal die Massen in der Dunkelheit nicht zu überblicken und sehr im=
posant schienen, die Geschwader Dohnas aber wiederum versagten, zu
sofortigem Rückzug veranlaßte. Es war allen Ernstes Division Robin,
mit Respekt zu melden, die sich zur Offensive anschickte. General v. Me=
merty war schwer verwundet worden, der Oberst der 1. Grenadiere führte
jetzt die Division, ein Major die 3. Brigade.

Die Deutschen verloren angeblich 350 Köpfe, wovon 210 allein auf
die 4er entfallen. Daß die 44er nur 23 verloren haben wollen, klingt
schier unglaublich. So sind bezüglich der deutschen Angaben für „Ba=
paume" zahlreiche Widersprüche vorhanden. (Die Deutschen verloren am
2. und 3. Januar laut Graf Wartensleben, einer klassischen Quelle,
1066 Mann, wobei freilich alle Versprengten inbegriffen, nach andern
nur rund 850 oder auch 900 und 870 oder gar nur 800! Sogar die
Offizierszifer wurde schwankend angegeben, sie ward jetzt endlich auf 52
ermittelt. Das ist die absolute Zuverlässigkeit deutscher Angaben gegen=
über der Ungenauigkeit der französischen!) Man soll bescheiden sein und
eingestehen, daß hüben wie drüben gesündigt und gern der eigene Verlust
untertrieben wird.

Von der Division Payen hatten nur wenige Teile den eigentlichen
Kampf bei Pouilly gespeist. Daß nur acht ihrer Geschütze überhaupt feuerten,
wie nur vier bei Bessol, scheint symptomatisch. Sobald d'Jvoy einsah, daß
die Deutschen doch ohnehin schon die Chaussee von Peronne durchschnitten
und hiermit die Marschsäulen beider Korps in der Mitte zu zerschneiden
drohten, begnügte er sich, die Chaussee von Amiens auf der Strecke nach
Vermand freizuhalten, um Robin Durchzug zu gewähren, begnügte sich
im übrigen, seine achtunggebietenden Massen zu zeigen, marschierte aber

mit dem Gros Payens am Kampfplatz vorbei. Nur so erklärt sich der Abzug der Marinefüsiliere von Caulaincourt, die fast gar keinen Verlust hatten, das Fehlen einer Verlustliste für 48. Mobile. Nur die 19. Chasseurs der Brigade Michelet fochten wirklich und zwar gleich bis zur Vernichtung, da nur hundert Gewehre davon übrig blieben. Sie waren etwa 400 Mann stark gewesen. Von Lagrange fochten die Chasseurs (bei Soyécourt) und I II 47 Mobile wohl nur mit Fernfeuer, büßten nur 45 Mann ein. Dagegen focht das frühere III 72 (heut als Depotbataillon I 33 selbständig) mit Verlust von rund 300 Köpfen. Es verlor also Payen, dessen 24. Chasseurs und andere drei Bataillone fast nichts einbüßten, etwa 700 Mann, und scheint Michelet sofort abgezogen zu sein, als Pouilly gefallen war. I 69, das mit Payen focht, formierte nur noch zwei Kompagnien, so gut wie aufgerieben. Bei Bessol verlor das 44. Moblots am meisten, sein Verlust betrug über 200 Mann. Hier sind aber stets alle Versprengte inbegriffen; immerhin mögen die Franzosen 400 Tote und Verwundete, 500 Gefangene eingebüßt haben. Diese hohe Ziffer hängt aber offenbar mit den vielen Nachzüglern und Maroden zusammen, die in den Dörfern aufgehoben wurden. Hätte Faidherbe sich, wie sich's geziemte, auf der gefährdeten Westflanke befunden, hätte das Gefecht nicht so nachteilig werden und es den isolierten Divisionen Kummer und Groeben, die zusammen nur etwa 14 000 Mann Infanterie, 2000 Kavallerie, 54 Geschütze (VIII Korpsartillerie noch nicht heran) zählten, übel bekommen können, in dies Wespennest hineinzustoßen.

Die genaue Ziffer der am 19. Januar wirklich fechtenden Kombattanten läßt sich unmöglich feststellen, weil der Ausfall durch Marschmarode beiderseits in Frage kommt. Er glich sich schwerlich aus, die Franzosen hatten viel mehr davon, und muß man dies wiederum bei der großen Zahl der in St. Quentin Gefangenen in Anschlag bringen: dies waren größtenteils nicht Gefechtsfähige. Zieht man den Verlust vom 18. ab und rechnet deutscherseits I 96 der Maasarmee hinzu, das vor 4 Uhr nachmittags im Gefechtsbereich erschien, so wird man die Wahrheit abschätzen, daß Goeben sogar an Infanterie wahrscheinlich noch um eine Kleinigkeit stärker ins Gefecht trat, als Faidherbe, daß ihm mindestens 34 000 Gewehre und Säbel zur Verfügung standen gegen 28 000 französische („Gefechtsstärke" im Gegensatz zur „Effektivstärke"), wodurch sich Faidherbe's eigene Angaben, die sonst für „Mann" (Effektivstärke) zweifellos viel zu niedrig wären, erklären würden. Nun haben allerdings die 5500 (Gefechtsstärke) deutschen Panzerreiter, Ulanen und Husaren wieder einmal die müßigen Zuschauer gespielt, wodurch sich die wirklich fechtenden Deutschen — I 96 abgezogen — sich auf rund 29 000 Gewehre und Säbel verringern. Bringt man aber in Anschlag, daß so viele Nationalgarden mitwirkten, und dazu die enorme Überlegenheit an Geschützen, die fast sämtlich zur Geltung kamen, so wird man ehrlich sagen müssen, daß Goeben fast mit so erdrückender Übermacht schlug, wie sie etwa bei Wörth, Gravelotte, Sedan in die Erscheinung trat. Da nun die französischen Positionen in jenen Schlachten ungleich stärker waren als bei St. Quentin, die Niederlagen bei Wörth und Sedan aber viel schlimmer ausfielen, so wird man einerseits den „großen Sieg" Goebens, andererseits die hervorragende Haltung der Milizarmee entsprechend würdigen.

Die deutsche Ordre de Bataille am 19. Januar bot eine Art Speisekarte zur Auswahl für Zerreißung taktischer Verbände. Da gab es „Avantgarde, Gros, Reserve, Seitenabteilung, Armeereserve". Keine einzige Division war ordentlich beisammen. Der Ostpreußischen Division wurden die 41er und 12 Geschütze abgenommen, um eine Reserve zur Verfügung des Oberkommandos zu bilden, der Kummer'schen später gleichfalls 3 Bataillone, sogar Reiterregimenter und Batterien waren zerrissen, so daß Graf Dohna nur 7 Schwadronen, 2 Geschütze behielt. Im ganzen rückten von Ham bis Tertry am Westufer der Somme, abzüglich der Verluste vorigen Tages, rund 17700 Mann Infanterie, 108 Geschütze an, am östlichen Division Barnekow mit rund 6000, Reservedivision Albrecht mit 4200, Division Lippe mit 1700 (ohne I 96) Mann Infanterie mit je 24, 18, 11 Geschützen = 12000 Mann, 53 Geschütze. Auf diesem strategischen Entscheidungsflügel disponierte Faidherbe über mindestens 12000 Mann Infanterie (er sagt 11000, soll wohl „Gewehre" heißen, ist aber vielleicht auch noch zu niedrig), da nachweislich vierzehn der Bataillone Lecointes noch nahe an 7000 gezählt haben müssen, was für die übrigen zehn im Durchschnitt 5000 ergeben würde. Dazu 41 Geschütze. Goeben war also, abgesehen von 3300 Pferden, gerade hier, wo der Erfolg lag, keinen Mann stärker, eher schwächer als der Verteidiger! Welche Möglichkeiten lagen hier für die feindliche Führung! —

Seit dem Ausmarsch aus Albert, auf der Zweigstraße nach Rancourt auf die Arras=Chaussee übertretend, waren also Bessol bis Seraucourt, Derroja bis Essigny gelangt, während Brigade Isnard, weit der Armee vorausgeeilt, seit vorgestern an der Chaussee nach Ham beim Dorfe Epine le Dallon am Westufer des Sommekanals Vorposten ausstellte. Payen war über die Kreuzung der Zweigstraße Vermand=St. Quentin und der schnurgeraden Chaussee von Amiens, die sich östlich nach Bavay gabelt, hinübermarschiert und lagerte vorwärts von Francilly=Holnon, wo Division Robin einrückte, bei Savy. Brigade Pauly, am weitesten rückwärts, sah sich mit Schützung der Cambray=Chaussee betraut: die schlechteste Truppe mit der wichtigsten Aufgabe! Wenn da nicht ein Unglück passierte, konnte Faidherbe von Glück sagen!

General Faidherbe hielt Umschau auf dem ihm aufgedrungenen, nicht selbstgewählten Schlachtfeld, das durch die kanalisierte Somme in zwei ungleiche Hälften geteilt erschien. Der Fluß als solcher und der Kanal Crozat im Süden der Stadt waren nur auf den Brücken passierbar, die noch ungesprengt den Deutschen bei Seraucourt zur Verfügung standen; ebenso blieb im Rücken Faidherbes die Hauptstadtbrücke von St. Quentin vorhanden, die beim Rückzug kein angenehmes Defilee bieten würde. Den eigentümlichen Verhältnissen des konzentrischen deutschen Angriffs, sowie der ursprünglichen Marschrichtung seiner beiden Korps gemäß, ließ er das Korps Lecointe am linken Ufer Front nach Süden nehmen, das Korps Paulze d'Jvoy am rechten Ufer Front nach Westen. Er beriet sich mit seinen Korpsführern, deren moralischer Stimmungsbarometer schon erheblich im Fallen war, wie erst recht bei den abgehetzten Truppen.

„Da der Feind meine Absicht durchkreuzte, so muß ich schlagen. Weitermarsch unmöglich — Rückzug in dieser Lage höchst gefährlich — wir würden nur gleiche Einbuße erleiden, wie beim ungünstigsten Ausfall dieser bevorstehenden Schlacht, und die Mobilisés würden bestimmt auseinanderlaufen. Wir müssen also unsre Chancen hier nehmen, wie sie fallen. Die Entscheidungsschlacht ist unvermeiblich."

Das war unbedingt richtig. Aber wäre er am 18. im Fortmarschieren geblieben, so hätte er sich nicht selbst in solche Notlage versetzt — oder er hätte sich gestern sofort zur Schlacht entschließen, mit allen Kräften die deutsche Linke anfallen sollen, die möglichenfalls, völlig isoliert wie sie war, von der Übermacht überwältigt worden wäre. So hätte er sich Freiheit der Bewegung gesichert. Und wäre die Lage am 18. abends nicht durch eigene Schuld so verfahren, die Armee so abgemübet worden, so hätte er noch am 19. früh angriffsweise in gleich großem Maßstab verfahren, einen der getrennten deutschen Flügel vereinigt anfallen können, ehe der andere einzugreifen imstande war. Thatsächlich brauchte es $1^{1}/_{2}$ Stunden, ehe die deutsche Linke im Westen das Gefecht der deutschen Rechten im Südosten durch ihres Kannonendonners kamerabschaftlichen Zuruf begrüßen konnte.

Derlei kam jedoch bei Faidherbe gar nicht zur Sprache, er unterließ jede andere Maßregel als die, sich auf Verteidigung einzurichten.

„Unsere Chancen sind ganz erträglich," bekräftigte Lecointe. „Meine Stellung bei Gouchy, 3—4000 Meter um die Stadt auf Bergen, beherrscht die Gegend." So war es, auch ein vor den Höhen von Gouchy gleichlaufender niedrigerer Höhenrücken, von zwei scharf eingeschnittenen Thalgründen begrenzt, bot der Verteidigung manche Vorteile. Die Stellung am rechten Ufer, schwächer bezüglich Plateauerhöhung, war im Übrigen gleichfalls nicht übel, reichte durch Gehölze und Baulichkeiten genügende Stützpunkte dar.

Als sich der concentrische Angriff Goebens mittags entwickelte, konnte sich jedoch General Farre nicht enthalten, als Chef des Generalstabs aufmerksam zu machen, daß die Topographie dieses Schlachtfeldes auffallend an Sedan erinnere, da gleichfalls ein Strom die verhängnisvolle Rolle spielen könne, wie dort die Maas. „Sobald wir völlig auf St. Quentin zurückgeworfen, gleicht unsre Lage beinahe der damaligen," stellte er trocken fest.

„Das werden wir eben zu verhindern wissen," gab der Armeechef fest zur Antwort. Auch Oberst Charron, Oberkommandeur der Artillerie, unterstand sich respektvoll, ähnliche Vorstellungen zu machen, im Beisein des Generalstabskapitäns de Coarson. Faidherbe wies jedoch diese Angstmeierei schweigend von der Hand und zeigte sich, bei dem momentan günstigen Gange des Gefechts, noch keineswegs entmutigt, dachte nicht daran, voreilige Rückzugsbefehle zu erlassen, was seiner Unbeugsamkeit Ehre macht und hier auch wohl das beste war. Rückzug zu einer Zeit, wo das Gefecht gut zu stehen und vorwärts zu gehen schien, hätte sein Heer deprimiert und das deutsche hatte damals noch lange nicht seine Kräfte verausgabt, wäre daher zu schärfster Verfolgung geneigt und bereit gewesen.

„Unsere einzige ordentliche Rückzugslinie, die Chaussee nach Cambrai im Norden, läuft parallel zu unserem rechten Flügel, diese Lage erinnert an die Moreaus vor Hohenlinden anno 1800, sie ist abscheulich," betonte der gelehrte Farre nochmals.

„Das weiß ich ebensogut wie Sie. Übrigens ist Ihr Beispiel ermutigend, denn Moreau siegte trotzdem."

„Ja, weil er eben der Angreifer war, da ist die Rücksicht auf die Rückzugsstraße nicht so empfindlich. Aber wir! Diese verdammte Somme, die aus ihrer großen Bogenschleife bei Ham nun hier gerade nordwärts auf Cambrai unsere Rückzugslinie durchquert!

Fällt die Brücke bei Bellenglise oder später beim Anfang des Schelde=Kanals bei Bellicourt in deutsche Hände, so ist Katastrophe unvermeidlich; denn die Ost=Chaussee Ham=Landrecies liegt wiederum parallel zu unserem l i n k e n Flügel, der dann unstreitig abgeschnitten würde."

„Diese Rabenlieder kommen jetzt alle zu spät. Herr v. Goeben hat mich ausmanövert, das steht fest. Aber noch kann er sich die

Zähne an meinen Positionen ausbeißen und bei Nacht entschwinden wir ihm, wie an der Hallue." Farre seufzte sorgenvoll, ohne diese rosenfarbene Aussicht zu teilen. Aber auch er mußte zugeben, daß die Schlachtchance nicht ungünstig stehe.

"Ich erfahre soeben zu meinem Leidwesen, daß die 16. Brigade der Maasarmee nicht rechtzeitig kommen wird." Er hatte sie früher hochmütig abgelehnt. "Der Bahntransport auf Tergnier macht Schwierigkeiten, nur ein Bataillon fuhr heran, zum Grafen Lippe. Wollen Sie daher den General v. Barnekow davon in Kenntnis setzen, daß ich eventuell Teile der 15. Division und etwas Korpsartillerie ihm schicken werde, falls der Feind schon im Osten stärker auftritt, als ich dachte. Ich glaube, meine Vermutung bestätigt sich, daß der Feind seine besten Truppen als Nachhut im Westen hat, sein Gros im Osten." Diese Mutmaßung war falsch: es lag genau umgekehrt. "Und, halt! bleiben Sie selbst bei Excellenz Barnekow und melden Sie mir dauernd nach Roupy." Der Hauptmann v. Schell vom Generalstab ritt nach Seraucourt ab, Goeben mit Stab nach Roupy auf der Ham-Chaussee am Westufer. Unterwegs sandte er eine Ordonanz mit Ordre nach Westen: "Excellenz Kummer soll drei Bataillone und ein paar Batterien in Bereitschaft stellen, falls ich sie hier brauche." Es war $9^3/_4$ Uhr und lebhafter Kanonendonner im Osten hörbar, im Westen noch nichts. Goeben runzelte leicht die Stirn, das war mißlich, und die Meldung Barnekows, Dreiviertelstunden später, daß die Avantgarde Essigny unbesetzt fand, überholten schon die Ereignisse: sie trug das Datum: "$8^1/_2$ Uhr." Den thatkräftigen Widerstand im Osten niederzuringen, schien offenbar schwer, so entsendete denn der Kommandierende bereits vor 11 Uhr einen Boten zu Barnekow: "Ich werde die Armeereserve zu Ihrer Verfügung stellen." — "Oberst v. Böcking soll sich sofort auf Seraucourt in Marsch setzen." — "Reiten Sie, was Sie können, zum Kommando 15. Division: mit Bezug auf meinen früheren Befehl vor einer Stunde, sofort so schnell wie möglich die gewünschte Reserve hierher." Etwas später kam endlich Kunde aus Westen, vom Korpsstabschef Witzendorf: "Vermand vom Feinde geräumt." Datiert: "$9^3/_4$ Uhr."

Goeben horchte am Ostausgang von Roupy. Der Schlachtlärm schien dort etwas zu pausieren. "Ordre an Oberst Böcking: sofort in angemessener Weise eingreifen, sich übrigens beim General v. Barnekow melden."

Der Oberbefehlshaber einer Armee blieb jetzt mutterseelenallein mit einer Husarenschwadron auf der Straße stehen, inmitten seiner beiden Flügel: er allein war das Centrum, denn er hatte sonst kein Centrum! Ein Unikum in der Kriegsgeschichte.

Goeben bemeisterte durchaus seine Erregung. Aber die Kanonade rechts steigerte sich besorgniserweckend, das Gefecht schien sich nicht vom Flecke zu rühren. „Reiten Sie mal zu Excellenz Barnekow und bekräftigen nochmals das Kommen von Böcking mit Infanterie und Artillerie. Aber unterlassen Sie nicht, darauf hinzuweisen, daß dies die letzte Reserve der Armee ist. — Und Sie zu Excellenz Kummer und besehen mal die Lage und kommen recht bald wieder zu mir!" Hauptmann Rogalla v. Bieberstein und Hauptmann Baumann lösten sich aus der Stabsgruppe los und man sah sie eilig davontraben, nach entgegengesetzten Richtungen.

Goeben sah auf seine Taschenuhr: „$11^{1}/_{4}$." Wieder verging eine halbe Stunde, da traf endlich wieder eine Meldung ein, wieder von Witzendorf. Goeben las das sehr ausführliche Schriftstück mit Begierde. „Sehn Sie, ich hatte Recht, Lecointe steht auf dem Westufer. Man hat Gefangene gemacht, das sind Regimentsnummern vom 22. Korps." Ein Irrtum, es waren zufällig die gestern zu Payen verschlagenen Bataillone, sowie III 72, das früher zu Bessol gehört hatte. „Groeben ist seit $10^{1}/_{2}$ Uhr im Kampfe, Dohna streift bis Belleenglise und hat noch keinen Feind gesehen. Schützen sie nicht mal ihre Rückzugsstraße?"

Von dieser sehr erfreulichen Thatsache Barnekow zu unterrichten schien angebracht, mit dem Zusatz, daß auch Kummer Boden gewinne. So berichtete wenigstens Hauptmann Baumann, der schon jetzt, um $^{1}/_{4}1$ Uhr, zurückkehrte und sich über das Waldgefecht bei Savy und das Vorgehen Groebens sehr vertrauensvoll aussprach. Leider ergab sehr bald der Augenschein, daß es wohl dort nicht ganz so heiter aussehe. Der Stab geriet in Bewegung, alle Gläser richteten sich nach Nordwesten: man sah deutlich, wie starke feindliche Massen dem rechten Flügel Kummers zu Leibe gingen. Gleichzeitig kehrten zum Stabe die Herren v. Frankenberg (Rittmeister) und Schmeling (Hauptmann) zurück, die Goeben um

12 Uhr ausgesendet hatte, um vorne das Gelände vor Epine le Dallon zu erkunden: „Melde gehorsamst daß der Feind uns fest gegenübersteht und daß man weiter links sein Vordringen bemerkt." Und jetzt kam schriftliche Meldung vom Hauptmann v. Schell, der sich Barnekow angeschlossen hatte: „es sei der 16. Division bisher nicht möglich, den Feind zu werfen, der äußerst hartnäckig bei Grugies die Höhen festhalte, ja der sogar gegen die Sachsen auf Itancourt zu avancieren scheine." Goeben überlegte eine Minute: „Die Meldung ist von 11¼ Uhr. Jetzt haben wir 12½. Seither kann schon viel geschehen sein. Was soll ich da sagen! Reiten Sie zum General v. Barnekow zurück und verweisen Sie ihn nochmals auf die Armeereserve und daß das Gefecht bei Kummer — hm! — vorwärts geht" — eine fromme Notlüge — „und daß Groeben schon die Chaussee nach Cambrai bedroht."

„Ergeben Sie sich! — halt, halt' ihn!" Zu spät! Der Ordonnanzoffizier Farres, der soeben einer Husarenpatrouille in die Hände fiel, hatte den Zettel verschluckt, dessen Überbringer er sein sollte. Es stand darauf: „Oberst de Gislain hat morgen früh näher an St. Quentin heranzurücken." Das war in vergangener Nacht.

Brigade Gislain stand nämlich isoliert weit vorgeschoben, gegenüber Seraucourt, einer rechtzeitigen Umfassung der Deutschen hätte sie erliegen müssen, da sie, nun ohne Ordre stehengeblieben, ihren Posten beibehielt. Oberst de Gislain besetzte sofort die Höhe hinter Castres, südlich von Giffécourt, welche den Weg nach Seraucourt bestreicht, mit den beiden Bataillonen 72. Marsch., in der Stärke von 1370 Köpfen. Die 18. Chasseurs, für die hundert Mann Ersatztransport unter einem Offizier in St. Quentin angemeldet waren, die jedoch keinen Anschluß ans Bataillon gewannen, schied er nebst III 101 Mobile als Reserve aus, während I 101 bei Contescourt und Castres Stellung faßten. Mit einigen Erkundigungstrupps, welche mit anderen von Brigade Foerster aus Grugies entsendeten zusammentrafen, begab sich Oberst de Gislain selber längs des Kanals Crozat vor, als plötzlich eine Attake der Gardehusaren auf ihn hereinbrauste. Deren gewandter und kühner Kommandeur, v. Hymmen, war mit der sogenannten „Linken Seitenabteilung" der „Reserve" (Prinz Albrecht) frühmorgens aufgebrochen und

sicherte sofort Seraucourt und den Kanalübergang, wo das Füsilier=
bataillon 81 zurückblieb. Als die Gardehusaren anritten, jagte de
Gislain ventre-à-terre davon, um der Gefangenschaft zu entrinnen,
seine Patrouillen wurden niedergehauen, doch eine Vorpostenkom=
pagnie der 20. Chasseurs aus Grugies brachte die Reiter zur Um=
kehr. Es war neun Uhr. Als I 19, ein fast ganz aus Polen be=
stehendes Posensches Reservebataillon und eine leichte Batterie von
Hymmen gegen Contescourt vorgeführt wurden, erwog Gislain in
seiner isolierten Lage, da man bei dem trüben Wetter keinen Aus=
blick in die Runde hatte: „Gestern haben noch Divisionsstab und
II 44 Mobile von Foerster links neben mir übernachtet, auch
68. Marsch von Pittié lagerte dort — die sind bei Ende der
Nacht abgezogen, wohl auf höheren Befehl. Wenn die Deutschen
nun schon hier und weiter nordöstlich — ha, dort geht auch schon
das Schießen los! — angreifen, dann sind Pittié und Foerster
vermutlich umgangen. Hat man mich vergessen? Oder will man
mich opfern? Ja, ich soll jedenfalls die Nachhut bilden. Den
Ehrenposten werde ich ausfüllen. Ich muß offensiv den andern
Luft schaffen." Oberst de Gislain war ein thätiger, umsichtiger
Offizier. Artillerie hatte er nicht, doch seine sechs Bataillone zählten
noch reichlich dreitausendfünfhundert Mann und diese setzte er mit
großer Entschiedenheit nach und nach ein. Eine Ferme, ein Hohlweg,
Zuckerrübenplantagen — St. Quentin lebte von Rübenkultur und
die schweren Runkelrübenwagen hatten den durchweichten Boden in
einer Weise zerfahren, die jede Bewegung für Fußgänger erschwerte
— gewährten seinen Tirailleuren guten Schutz. I 19 bekam gleich
einen schweren Stand.

Als Barnekow um halbzehn Uhr zwei Batterien der „Avantgarde"
(Oberst Rosenzweig) im Thalgrund von Urvillers in Stellung brachte,
erhielten sie sofort Frontalfeuer von der Windmühlenhöhe Tout Vent, wo
Derroja zuerst sechs Vierpfünder, dann auch seine Achtpfünder, endlich seine
gesamte Artillerie aufgefahren hatte. Es währte aber nicht lange, so kam
auch böse Flankenkanonade von Westen her, wo von der Höhe von Giffé=
court elf Vierpfünder Bessol's — eins von der II. Batterie 15. Artillerie=
regiments war gestern bekanntlich stecken geblieben — zu donnern an=
fingen. Die preußischen zwölf wichen dreihundert Meter weit rückwärts,
um diesen neuen Feind zu bekämpfen. Da aber fuhren auch Bessol's sechs
Zwölfpfünder auf. Sie wirkten bald so übermächtig, daß auch das Vor=

ziehen der übrigen zwölf Geschütze Barnekow's nichts half. Unterweilen war nun die Infanterie eilig vorgegangen, zumal General Barnekow zu bemerken glaubte, daß der Feind erst noch im Anmarsch begriffen sei. Es traf dies aber nur für Brigade Aynès auf der äußersten Ostflanke zu, die nach ihrer grenzenlosen Übermüdung von gestern heut erst spät aus ihren Quartieren ausrückte. Sie hatte jedoch 91. Mobilgarden und I 67 Marsch vorher bei Brigade Pittié zurückgelassen, so daß letztere, welcher der Hauptkampf zufiel, heut 10 Bataillone zählte. Das genannte Mobilgardenregiment blieb vorläufig als Rückhalt, ebenso das 46. hinter Tout Vent. Letzteres zählte noch fast 1800 Mann. Dagegen gruppierte sich das 68. Marsch (1000 Mann) ganz links im Osten, sein bekanntlich fehlendes drittes Bataillon ersetzte heut I 67 (500 Mann). Daneben zwischen Eisenbahn und Windmühle die 17. Chasseurs. Daneben rückte bei Giffécourt Brigade Foerster in Stellung, der heut drei Bataillone fehlten: I 44 beim Train, III 44 trat nebst dem Trümmerrest des bei Pouilly vernichteten I 69 Marsch unters Kommando der Division Derroja. Oberst Foerster hielt III 69 (Marine) und II 44 Mobile im zweiten Treffen. Als die deutsche „Avantgarde" auf den Schlüssel der Stellung von Grugies, die große dortige Zuckerfabrik, losging, empfing sie dort das 20. Chasseurbataillon (400 Mann) und vorwärts des Dorfes II 69 Marsch (500 Mann).

Das Gefecht wurde sofort sehr heiß. Als die preußische Infanterie im tiefen Grund des Eisenbahneinschnitts vorging, begrüßten sie Schrapnels, Granaten und Fernfeuer der Chassepots auf eine sehr empfindliche Weise. II 29 westlich der Bahn wollte nach zehn Uhr im Verein mit II 69 (den deutschen 69ern traten hier die französischen entgegen) die Zuckerfabrik bestürmen, als plötzlich drei feindliche Schlachthaufen in ihrer Flanke aus dem Thalgrund von Castres auftauchten: Oberst de Gislain bildete hier einen Haken nach Osten, während er mit der Hälfte nach Süden gegen I 19 focht. Es kam hier zu gegenseitigem Flankenfeuer am Bahndamm, hinter dessen Durchlässen, und wegsperrenden Weißdornhecken, die man mehrfach mit dem Seitengewehr durchhauen mußte, die 29er Deckung suchten. Als aber um elf Uhr die 29er und 69er ernst machen und sich an die Zuckerfabrik heranschießen wollten, warf das Vordertreffen Foersters (zwei Bataillone) und Pittiés (vier Bataillone) sie viermal auf die westliche Seite der Bahn zurück, obschon die Tapfern mehrmals bis in die französische Schützenlinie vor der Zuckerfabrik eindrangen. Der linke Flügel kam dabei weiter vor, zweitausend Schritt westlich der Chaussee, mußte aber alle Fortschritte aufgeben, sobald die Rechte wich. Wiederholt stiegen hier Angriffs= kolonnen Pittiés aus dem Grunde an der Bahn empor, vor Mittag fand ein besonders starker Vorstoß statt. II 69 mußte im Thal von Urvillers neuen Schießbedarf fassen, I 29 wurde zum Teil völlig verdrängt, wobei die 17. Chasseurs, deren lange Schützenkette über= raschend auftauchte, eine Kompagnie nach blutigem Handgemenge (alle 4 Offiziere niedergestreckt) zersprengten. Dafür gelang es freilich einer andern Kompagnie, den bereits von den Franzosen eroberten Bahndamm zu nehmen und den Einschnitt vor der Zucker= fabrick der Länge nach durch Schnellfeuer reinzufegen, sowie die 3. Batterie 15. Artillerieregiments auf der Höhe von Giffécourt durch nahes Flankenfeuer in Schrecken zu setzen. Diese Batterie ging zur großen Massenbatterie bei Tout Vent zurück, obschon sie nur ein paar Mann verloren hatte, und benahm sich sehr schwäch= lich, indem sie nachmittags völlig feierte. Dagegen harrten die 2. Batterie und besonders die Zwölfpfünder bei Giffécourt aus, Verlust für beide: 2 Offiziere 24 Mann 46 Pferde. Das furcht= bare Kreuzfeuer der Artillerie Lecointes richtete aber solche Ver= heerung an, daß die drei Batterien Barnekows allein 5 Off. 65 M. 77 Pf. einbüßten. III 29 griff teilweise in Kompagniekolonnen an, vor denen die Schützenschwärme und Unterstützungstrupps Foersters „wie auf Kommando" zurückstürzten. „Zwei glatte Salven hinterher!" Zwei kräftige Gegenstöße von Tout Vent, bis auf 50 m heran durchgeführt von 46. Moblots, zerschellten gleichfalls.

Als aber zwei Halbbataillone 70er und 40er in den Grund von Grugies vorbrachen, scharf nordwestlich, wurde der Vorsturm im Keim erstickt, vom Marinebataillon und III 44 Mobile alles über über den Haufen geworfen, die von den Preußen eroberten Höhen und Bahndamm zurückgewonnen und eine Sechspfünderbatterie bei= nahe genommen, die sich mit Kartätschen des Andrangs erwehrte. Um halbzwei Uhr mußte die linke Flügelbatterie, die allerbravste, bis zur Chaussee von Essigny zurückgehen, wozu sie die letzte Kraft aufbot, da bereits 2 Off. 29 M. 24 Pf. verloren gingen. Sie hatte sich vorher genügend gerächt: eine ihrer Granaten traf schon um elf Uhr den besten und geliebtesten Unterführer der Nordarmee, Divisionsgeneral du Bessol, schon früher bei Amiens ver=

wundet, so schwer am Unterleib, daß er für tot weggetragen wurde. Dies geschah weithin sichtbar unter den Windmühlen= flügeln von Tout Vent, wo er auf der Höhe seine Artilleriegruppe besichtigte. Ein Ruf von Schrecken und Zorn erhob sich: "Rache für den General!" Nicht lange nachher erlebte aber Brigade Aynès das Gleiche. Diese war erst nach halbzwölf Uhr in der Schlacht= linie erschienen und entsendete II III 67 Marsch zur äußersten rechten Flanke nach Neuville und Ferme le Raulieu, wo das Vorrücken der sächsischen gemischten Division Lippe sich fühlbar machte, die erst um zehn Uhr den Vormarsch antrat, weil der General v. Barne= kow noch nicht die Verhältnisse beim Gegner übersehen konnte. II 86 der Maasarmee, kaum im Bahnhof von Tergnier ausgeschifft, folgte dem sächsischen Jägerbataillon, das seit elf Uhr mit zwei reitenden Geschützen und dem Garbereiterregiment von Oberst v. Carlowitz über Ithaucourt auf Gehöft Raulieu andrang. Hoch= gelegen, mit Ziegelsteinmauern umgeben, bot es einen Stützpunkt, den Aynès behalten wollte. Die Jäger wurden aus dem Garten und in den Grund von Pontchu geworfen, gingen eine Viertel= stunde vor ein Uhr wieder vor, abermals geworfen. Doch sie fanden hinter Düngerhaufen Schutz und schoßen gut: der tapfere Bri= gadechef Aynès fiel zu Tode getroffen.

Dies versetzte die Seinen in Erbitterung und diese drei schwachen Bataillone fochten bis zuletzt sehr standhaft, obschon sie sich in aller= ungünstigster Lage auf der äußersten Flanke befanden. Nicht nur war die gegnerische Infanterie schon in der Überzahl, sondern die Kavallerie= masse drohte und elf reitende Geschütze der Sachsen schossen drein. Raulieu und Neuville wurden um halbzwei Uhr freilich geräumt, wobei etwa 150 Gefangene abgeschnitten, in den nächsten Gehöften vor der Vorstadt Isle setzte sich III 67 aber mit Kraft, während 2. Chasseurs, die vornehm= lich links die sächsischen Jäger aufhielten, indes das Bataillon des Magdeburger Armeekorps (Maasarmee) in die Vorstadt einzudringen suchte, nach der Höhe Tout Vent zum Schutz der Artillerielinie seitwärts heran= gezogen wurden. Nach zwei Uhr versuchten die sächsischen Garbereiter dort= hin zu attakieren, um der Massenbatterie in den Rücken zu fallen, er= hielten aber von "Brigade" Aynès eine solche Begrüßung, daß sie aufs Wiederkommen verzichteten. Auch die sächsische Artillerie, die erst mit zwei, dann acht, dann elf Stück das Feuer der Massenbatterie auf sich abzulenken suchte, mußte rückwärts abschwenken, da schon ein Protzkasten in die Luft flog. Auf der Höhe von Tout Vent vereinten nämlich jetzt noch sechs Geschütze mehr ihr Feuer. Der Kommandierende, General Lecointe, hatte nämlich, seit er um halbelf in Person das vorderste Schlachtfeld bei Brigade Gislain betrat, Verstärkung aus der Artilleriereserve erbeten und es trabte daher nach Mittag die schwere Batterie Gaigneau nach Tout Vent hinauf, so daß Lecointe jetzt zwölf Zwölfpfünder, sechs Achtpfünder, dreiundzwanzig Vierpfünder im Feuer hatte.

I 68 Marsch drängte sich gleichfalls ins Gefechtsfeld Gislain's, II 68 lehnte seine Rechte an die Eisenbahn. Beide Bataillone litten außerordentlich und büßten 11 Offiziere, 947 Mann ein, wovon 559 „Vermißte", d. h. nur zum Teil unverwundete Gefangene. II 69, das seit Beginn im Feuer stand, schmolz auf die Hälfte. Dagegen blieb der Verlust der Batterien Derroja's bei Tout Vent auffallend gering: kaum fünfzehn Köpfe! Man konnte ihnen also nicht beikommen und sie hemmten immer gar sehr den deutschen Angriff, verbrauchten durchschnittlich zwanzig Schuß pro Stück. Division Barnekow rückte im wesentlichen immer noch nicht von der Stelle. II 40 war in zwei Treffen, das erste ganz aufgelöst, um halbzwei Uhr mit glänzender Bravour gegen die Zuckerfabrik vorgebrochen, allein II 68 und II 91 Mobile (Pas de Calais) warfen sich trotzig entgegen und trieben es der Bahn entlang bis über den Grund von Urvillers zurück. Es war zwei Uhr, als am Ostufer der Somme die entscheidende Phase eintrat. Durch den Hinzutritt der Armeereserve waren die Deutschen jetzt um 2700 Mann Infanterie und um 24 Geschütze den Franzosen überlegen. Dem Eingreifen dieser frischen Kräfte hätte Lecointe nicht widerstehen können, wenn er nicht selbst ansehnliche Reserven aufgespart hätte. Aynès' „Brigade", was davon übrig war, sah sich an der Vorstadt durch I 44 Mobile, das Resthäuflein von I 69 (etwa hundertsechzig Gewehre), die Kompagnie der „Zuaven des Nordens" und die „Mobilisés von St. Quentin", sowie einige Franctireurbanden verstärkt. Bei Grugies wurden allmählich 46. und 91. Mobilgarden vorgezogen. Die Schlacht stand.

„Mein General, Sie sind umgangen," hatte Oberst de Gislain den Kommandierenden begrüßt, der ihn jedoch beruhigte: „Es steht alles gut. Sie können ruhig hier bleiben, da wir demnächst zur Offensive übergehen." Dann war Lecointe ruhig abgeritten. Dieser Brigadier beruhigte sich jedoch nicht damit, da ihm seine Lage ganz mit Recht bedrohlich schien und er infolge der schweren Verwundung seines Divisionärs ohne alle weiteren Befehle blieb. Freilich hatte er vorerst nur I 19 gegen sich, das seit halbzehn Uhr vereinzelt gegen sicher doppelte Uebermacht rang. Das heldenmütige polnisch-deutsche

Bataillon wich vier Stunden lang nicht vom Platze und verlor 285 Mann und 7 Offiziere. Teile der 29er suchten zwar zu entlasten und schossen sich derart mit Mobilgarden vom 101. Regiment herum, daß bald sämtliche Patronen verschossen waren und der Patronenwagen in die Feuerlinie herangeholt werden mußte. Die französische Brigade sah sich jedoch gleich nach Mittag durch einen neuen Feind so schwer bedroht, daß sie ihr zweites Treffen vorziehen mußte. Oberst von Böcking erschien nämlich jetzt mit dem 41. Regiment und die Granatschüsse seiner Batterien vertrieben die vordersten Tirailleure aus dem Hohlweg bei Contescourt. Vor ein Uhr erfolgte ein Sturmangriff von solcher Wucht, daß die östlicher stehenden Mobilgarden teilweise flohen und drei Salven auf den Heimweg mitbekamen. Das 72. Marsch wich auf Castres, wo sich sumpfiges Wiesengelände hinzieht. Dies geschah jedoch freiwillig auf höheren Befehl. Lecointe ließ nämlich wiederholten dringenden Botschaften de Gislains endlich Gehör, der ihm vorstellte: der Kampf bei Grugies tobe schon in seinem Rücken, und wenn der Feind dort durchdringe, sei er bei Castres abgeschnitten. Um den schwierigen Abzug der Brigade zu erleichtern, ordnete der Kommandierende an: „17. Chasseurs und das Marinebataillon besetzen die Ostseite von Giffécourt," also Teile der beiden schon durcheinandergemengten Divisionen. Die elf Geschütze auf der dortigen Höhe, von I 46 Mobilgarde gedeckt — also von einem Bataillon Pittiés im Gefechtsfeld Foersters! — bekamen nun bald mit **dreißig Deutschen zu thun**, da Prinz Albrecht seine beiden schweren Batterien um **zwei Uhr** dorthin sandte. Das Gefecht, das so lange kritisch gestanden hatte, nachdem vier Angriffe der 16. Division durchweg abgeschlagen, ließ sich jetzt schon viel besser an. Die 41er eroberten Castres in einem einzigen Anlaufe. III 101 Mobil (Marne) und II 72 Marsch verteidigten sich sehr brav im Sumpfgelände, mußten aber bei dem beschwerlichen Rückzug 300 Gefangene in den Händen des Siegers lassen. Als die Deutschen nunmehr auf Giffécourt vordrangen, entwickelte Gislain seine sechs Chasseurkompagnien in langer Linie längs dem Wege nach Castres und bestand hier den härtesten Kampf. Da auch die 17. und 20. Chasseurs hier zwischen Giffécourt und Grugies fochten, die 2ten aber schließlich nach Tout Vent abkamen, so vereinten also diese sämtlichen

Kerntruppen des Armeekorps fast auf einem Punkte ihre Anstrengungen.

Die „Avantgarde" der Division Kummer — das „Gros" folgte mit zehn Bataillonen, sechzig Geschützen unter General v. Strubberg — hatte anfangs ein lustiges Scharmützel der Königshusaren gegen eine Abteilung „Dragoner des Nordens", von ihrem Chef Oberst Beauffin persönlich befehligt, zwischen Roupy und Dallon, wobei das berühmte Erkennungszeichen „Lehm op" ertönte, weil das Karabinerfeuer der Dragoner die preußische Infanterie zu blindem Schießen in den Reiterknäuel der Verfolgungsjagd verlockte. Die Pferde der Husaren zeigten sich durch den langen Galopp im nassen Boden schon ausgepumpt, die Kräfte der Menschen zu Fuß hielten heut besser aus, obschon bei Lauffchritt zuletzt schwere Ermüdung eintrat. Um halb elf Uhr eröffneten die 65er von Savy her die Schlacht am Westufer, den fröhlichen Waffentanz, der schon bald bedenkliche Formen annahm. Es begann ein wildes Waldgefecht um Gehölze nördlich und südlich des Dorfes. Man stieß dort auf das 73. Marsch der Brigade Isnard, dessen III. Bataillon jedoch weiter rückwärts an der Straße nach Vermand stand, wo auch sechs Geschütze Isnards in Position; die andern vier bewehrten Barrikaden am Stadtsaum von St. Quentin.

An das südliche Wäldchen lehnte sich Brigade Lagrange, bis zum Sommefluß reichend, Dallon und Oestre in Besitz haltend. Hinter Isnard stand Michelet an der Vorstadt St. Martin in Reserve. Auf der Mühlenhöhe südlich des weiter nördlich von Savy liegenden Dorfes Francilly fuhren eine Vierpfünder= und eine Zwölfpfünder=Batterie Payen's auf, bedeckt von Bataillon Dünkirchen der Mobilisés du Nord. Im südlichen Wäldchen, wo neben Isnard die 24. Chasseurs unter Capitaine Joze und zwei Kompagnien des „Marschregiments ohne Nummer" eingriffen, ging es besonders blutig her. Weiter östlich bis zur Ham=Chaussee stand der Hauptteil von Lagrange, der aber nördlich mitwirkte. Die Büsche gingen mehrmals hin und her verloren. Zwei ganz und gar in Schützen aufgelöste Kompagnien von I 47 Moblots griffen später am nördlichen Gehölze ein. Dagegen zogen sich die andern drei Kompagnien unter dem Bataillonskommandeur und ebenso III 47 nordwestlich mit dem I. Bataillon „Mobilgarden der Ardennen" nach Francilly hin, während II. Ardennen am Nordwäldchen von Savy focht.

Um zwölf Uhr wurde das von den 65er behauptete Südgehölz umfaßt, als die alten Ostpreußen, I 33, ins Waldgefecht geworfen wurden. Sie verschossen sich bald. Übrigens verschwendeten die 24. Chasseurs eine Unmenge Patronen, da sie pro Kopf 180 Patronen besaßen. Trotzdem erst achtzehn, dann vor ein Uhr gar dreißig preußische Geschütze ins Gefecht traten und nur die Vierpfünderbatterie Payen's, zwischen II und III 73 aufgefahren, an dieser Stelle noch feuerte, die schwere Batterie hingegen nach Nordwesten abberufen war, drang besonders I 78 bis zum jenseitigen Rand des Wäldchens vor und die Preußen mußten ihnen die Gehölze lassen. Erst ein Einsatz eines frischen Bataillons neigte die Wage zu unseren Gunsten. Die Franzosen wurden teilweise zurückgetrieben, ein tapfrer Vorstoß des Capitains Joze nebst I „ohne Nummer" am Wege Holnon=Savy scheiterte, die Franzosen wichen auf die östliche Höhe dahinter, später noch eine zweite Hügelreihe, von wo sie nach Vorstadt St. Martin abziehen konnten, wenn sie wollten. Dazu zeigten sie aber noch keine Lust. Das „Marschregiment ohne Nummer" im übrigen hielt Epine de Dallon besetzt, dahinter II 47 Moblots, bisher noch keinen Gegner vor sich auf der Ham=Chaussee. Gegen 1 Uhr sah Lagrange jedoch drei frische Bataillone und zwar hervorragendste Kummer's: I, II 28, 8. Jäger nebst 3 reitenden Batterien vor sich, die als neue „Reserve" Goebens, bei Roupy um Mittag angelangt, dort endlich einmal im leeren Zentrum nachfüllten. Brigade Isnard, die bisher noch nie ins Feuer kam, Brigade Lagrange, die bei Bapaume am meisten litt und gestern bei Pouilly so lange den Kampf nährte, fochten mit hervorragender Tapferkeit, und es ist ungerecht, die glänzende Bravour des Korps Lecointe allein hervorzuheben: Division Payen zeigte sich heut ganz auf gleicher Höhe. Hätte man nur das nämliche von Division Robin auf der Nordwestflanke sagen können!

Diese hielt im Norden mit zwei Gebirgsbatterien der Seine Inferieure und der zweiten Brigade, um ein neugebildetes Bataillon „Voltigeurs" vermehrt, bei Fayet und der Cépy=Mühle, mit der ersten bei Holnon, Selency, Francilly und Mühle Conti, deren 1. Voltigeurbataillon hier wie bei Bapaume die andern anspornen wollte und daher weit über Holnon gegen die Avantgarde der gefürchteten acht ostpreußischen Bataillone des gemischten Truppenkorps Groeben vorbrach. Die Mobilgardenbatterie Pas de Calais der Division Payen wurde nach Mühle Conti vorgesendet, Robin's Gebirgsbatterie du Finnistère südlich Francilly. Die 1. Voltigeurs, höchstens 450 Mann, warfen sich um 8 Uhr auf der Straße nach Vermand, das drei Bataillone Groeben'scher Avantgarde mit zehn Geschützen und fünf Schwadronen soeben durchschritten, tollkühn entgegen und sammelten hierbei eine Menge Versprengter und Nachzügler, die aus Vermand vor dem Nahen der Deutschen herflohen. Das Strohfeuer hielt aber nicht vor, die Voltigeurs wurden gänzlich zersprengt und fast sämtlich, obschon aus „alten Soldaten" bestehend, gefangen. Die Ostpreußen brachen bald aus dem Wald von Holnon, nahmen Holnon und nach zehn Uhr auch Selency, wo das 2. Nationalgardenregiment sich entschieden besser hielt als die Voltigeurs. Man hatte schon 17 Offiziere 260 Mann Gefangene in Händen und das Voltigeurbataillon allein büßte heute 7 Offiziere 297 Mann ein. Sein Rest schloß sich bei Fayet der zweiten Brigade an. Die erste besetzte jetzt zwei Hohlwege vor und hinter der Conti=Mühle, zugleich suchte das Depotbataillon der Brigade Isnard (III 24 genannt) den Ostpreußen in die Weichen zu stoßen. Man sah deutlich, wie brave Offiziere die Ihren zu entschiedenstem Vorgehen antrieben, indem zugleich ein Geschütz im Hohlweg nahe vorgebracht wurde. Unsre 1. Grenadiere warfen die Angreifer jedoch in voller Auflösung mit schwerem Blutverlust zurück und der erste Schuß, den das Geschütz abfeuerte, war auch sein letzter. Bedeckung und Bemannung wurden niedergemacht, darunter zwei brave Offiziere, die persönlich das Geschütz zurückrollen wollten. Mühle und Hohlwege wurden durchstürmt, nach elf Uhr 28 Geschütze dort aufgefahren, die Schlucht am Gehöft „des Roses", wo III Ardennen=Mobile die Mobilisés unterstützten, mit Schnellfeuer bestrichen und eine starke Angriffskolonne der zweiten Nationalgardenbrigade, von Fayet aus, zu schleunigem Verschwinden bewogen. Batterie Pas de Calais war zur Mühlenhöhe von Cépy zurückgeeilt, wobei jedoch ein Geschütz wegen des matschigen Bodens nicht hinaufkam. Da außerdem noch vier ziemlich minderwertige Geschütze von Isnard feuerten, sodann aber die Zwölfpfünder Payen's dorthin beordert wurden, glich die Geschützzahl beider Parteien sich mehr als aus. Zugleich unterhielten die Nationalgarden aus Francilly ein massenhaftes Fernfeuer, und da die Batterien Groeben's ihre leeren Munitionswagen noch nicht gefüllt erhielten, mußten sie vor Mittag weichen.

Die stolze ostpreußische Infanterie, auf sich allein gestellt, ließ aber nicht ab, zumal General Graf Groeben schon sehr früh am Tage stark auftrat und die Kräfte nicht so sparsam verzettelte, wie Barnekow und Kummer. Fünf Bataillone energisch verwendend, sandte er zugleich die Kavallerie Dohna gegen die Rückzugsstraße nach Cambrai vor. Sie traf an den Brückendämmen bei Belleenglise II 4. Nationalgarde, den Wagentroß des Korps begleitend, der bereits auf der Chaussee nordwärts zurückging. Diese Nationalgarden benahmen sich sehr gut, sogar die gefechtfähigen Kranken, die auf den Fahrzeugen saßen, griffen zum Gewehr, und der vorsichtige Graf Dohna machte sich alsbald aus dem Staube. Infolgedessen war das Brückendefilee völlig frei, als plötzlich eine neue Truppenmacht dem Korps d'Jvoy zu Hilfe zog. Die National=

garbenbrigade Pauly sollte nähmlich auf der Chaussee weitere Befehle abwarten: als aber um elf Uhr der Kanonenbonner sich verstärkte, marschierte Oberst Pauly auf eigene Verantwortung darauf los, in Richtung auf Gricourt und Fayet. In letzteren Ort waren unsere 44er vor ein Uhr eingedrungen, wobei 3. Mobilisés 2. 3. Voltigeurs sich sehr verschieden schlugen. Die einen warfen die Waffen weg, andre kreuzten jedoch mutig das Bajonet. Solange Schloß, Park und Ostteil von der zweiten Mobilisé-Brigade hier behauptet wurde, war die Schlachtordnung noch nicht durchbrochen.

„Was! Fayet beinahe genommen? Fahren Sie sofort von hier mit 9 Stück dorthin!" rief Faidherbe dem Chef einer Reserve-Zwölfpfünderbatterie zu, bei welcher er auf der Höhe von Rocourt hielt. Dann sprengte er selbst zur Brigade Michelet und forderte diese auf: „Ihr müßt Fayet wiedernehmen, koste es was wolle." Den Marinefüsilieren rief er selber zu: „Das Heil der Armee hängt von eurer Anstrengung ab." Brigade Michelet, sehr erhoben durch Anwesenheit des Feldherrn, machte sich sofort mit Begeisterung zum Angriff fertig. Die 48. Moblots, durch ihre blutige Niederlage bei Sapignies keineswegs herabgestimmt, und obschon sie mitten beim Proviantempfang von St. Quentin hatten abmaschieren müssen, also hungrigen Magens, griffen mit I und III Fayet von Norden und Osten, I Marine griff von Süden an, indeß die andern drei Bataillone auf der Vermandstraße folgten. (19. Chasseurs, weil gestern vernichtet, spielten nicht mehr mit, doch schlossen hundert Chasseurs unter Lieutnant Prêtet sich an, andre Siebzig bedeckten die nächste Batterie. Seit Beginn des kurzen Feldzugs hatte dies unglückliche Bataillon schon achthundert Mann verloren, also einfach hundert Prozent seiner Etatstärke!). Es war zwei Uhr, als dieser große Gegenstoß begann, der mit Lecointes Offensive am Ostflügel zusammenfiel. Auch hier stand die Schlacht.

„Seht, wie meine braven Jungens an den Feind gehen!" Goebens ruhige Stimme nahm einen förmlich begeisterten Ton an, wie von innerer Ergriffenheit. Dann aber saß er wieder so kühl und unbeweglich im Sattel, als sei er mit der Pappel verwachsen, unter der er hielt. Und doch schienen feindliche Granaten sich an diesen Zielpunkt gewöhnt zu haben, denn unaufhörlich hörte man ihr seltsames Geräusch. Die dürren, laublosen Äste wurden oft mittenburch gebrochen, so daß sie fast in gleichen Hälften zu beiden Seiten der Reitergruppe herunterstoben. Die Feldmütze tief in die Stirn gedrückt, den Feldstecher vor den bebrillten Augen, mit dicken Pelzhandschuhen, den Mantel hoch zugeknöpft vor der ihm so verhaßten Kälte, verfolgte Goeben den Kampf. Nichts regte sich an ihm, körperlich wie geistig ein Bild vollständiger Ruhe, dabei aber jeder Nerv gespannt in stetem Aufmerken. „Reiten Sie zum General v. Barnekow, er solle seine Bewegung beeilen!" Adjutanten und Ordonanzen trugen seine Ordres davon, sie lauteten immer sehr bestimmt, aber ganz kurz.

Allmählich rückte das Chassepotfeuer auffällig näher. „Ich möchte mir erlauben, Ew. Excellenz die Bitte vorzutragen, daß Sie Ihr Leben nicht hier exponieren möchten," wagte sein Oberquartiermeister Major Bumke leise aufmerksam zu machen. Der General kümmerte sich jedoch nicht um seine Umgebung, bis der Gaul eines Adjutanten sich getroffen überschlug. Dann änderte er gleichmütig das Gefährliche seiner Lage, indem er von seiner „Lady" abstieg und etwas Deckung nahm.

„Wir werden die Kerls schon kriegen! Im Notfall die Plempe heraus!" sagte er lächelnd zum Stabschef der Armee, General v. Sperling, der schon unter Steinmetz, dann unter Manteuffel dies wichtige Amt bekleidete. Die Pferde, durch das Zischen der Kugeln sehr unruhig geworden, brachte man weiter rückwärts unter. Goeben ging jedoch keinen Schritt zurück, sondern warf nur gelassen hin: „Wir sind hier eigentlich an falschem Orte!" und spazierte umher, manchmal nach den aufschlagenden Kugeln sich umblickend, wie ein neugieriges Kind sich an Spielzeug ergötzt. Dabei konversierte er so ruhig, als säße er auf einem Sofa im Zimmer. Nichts kann den unvergeßlichen Eindruck wiedergeben, den er, wie er nun einmal war, gerade durch Schlichtheit auf seine Umgebung hervorbrachte.

Als das Detachement Bronikowski gegen 11 Uhr am nordöstlichen Eingang von Roupy vorüberzog, stand Goeben mit seinem Stabe auf der Chaussee, unbefangen und heiter wie ein Schlachtenbummler das kriegerische Bild mit Künstlerblick beobachtend. Der Kampf wütete immer heftiger auf der ganzen Linie, Ordonanz=

offiziere sprengten in schnellster Gangart heran, Meldungen über
den Verlauf bringend und Weisungen erbittend — der Armeeleiter
ließ jedoch nicht das geringste Anzeichen von Aufregung merken
und sich in seinem Frühstück nicht stören. Die Offiziere des
28. Regiments, das später seinen Namen tragen sollte, hatten hier
seltenes Glück, den erprobten Chef aus nächster Nähe zu beobachten.
Gegen Mittag fuhr unmittelbar vor Roupy eine beträchtliche
Artilleriemasse auf und schleuderte ihre wirkungsvollen Eisenbälle
auf die gegenüber fechtende, standhafte Brigade Lagrange. Es
mochte ein Uhr sein, als französische Tirailleurketten mit Bravour
sprungweise gegen diese lästigen Batterien vorgingen und Chassepot=
kugeln hierherpfiffen. Ruhig winkte Goeben den Major v. Broni=
kowski zu sich heran: „Schaffen Sie unserer Artillerie Luft! Sie
können mit allen drei Bataillonen eingreifen!"

Gesagt gethan. I 28 stürzte sich auf den Gegner, warf ihn
ins Dorf Epine de Dallon zurück und auch dort hinaus, II 28
und 8. Jäger verfolgten den Feind, der regellos zurückflutete, durch
wohlgezieltes Schnellfeuer. Da protzten aber auf dem Windmühlen=
hügel von Rocourt, nördlich von Oestre, Zwölfpfünder, weithin
sichtbar, ab. Schon einen Augenblick später schossen dort Rauch=
wolken hervor, immer dichter, die Windmühle umhüllend, Granaten
zischten heran, fuhren heulend weiter, schlugen auf der harten
Chaussee auf, durchschlugen Gartenmauern und rissen eine ganze
Fahnensektion weg. Gehirn spritzte umher, aufgerissene Lungen
entsandten tötlichen Blutquell, die von Blut und Hirn beklebte
Fahne, zerfetzt, wurde vom Kommandeur selber wieder zusammen=
geknotet. Still und ernst herangekommen, war Goeben — jetzt
wieder beritten — selber Zeuge des Vorgangs. Er hatte bereits
die drei reitenden Batterien beauftragt, ein Wörtlein mitzureden.
Die deutsche Artillerie ging in kompakter Masse vor, gleichzeitig
blieben ja nur drei französische Zwölfpfünder drüben gegenüber!
Achtundvierzig Geschütze brausten im Galopp in einer Linie heran.
Abprotzen — betäubendes Schnellfeuer — Aufprotzen des Gegners,
wie von Windsbraut weggefegt — alles das Werk einer Viertel=
stunde.

Solcher sechzehnfachen Uebermacht an Geschütz vermochten
die Brigaden Lagrange und Jsnard nicht zu widerstehen, gegen

brei Uhr verlor letztere auch endgiltig das nördliche Waldstück. Die Vierpfünderbatterie auf der Höhe von Francilly, die bisher mit Energie standhielt, gedeckt durch große Runkelrübenhaufen, mußte vor Schwärmen der 33er etwas weichen. Das überaus tapfere II. Bataillon Regiments „ohne Nummer", bei Dallon von vierfacher Uebermacht konzentrisch angefallen, ließ heute zweihundert Tote und Verwundete auf dem Platze und hielt dennoch bei Oestre aus. Die Rheinischen Jäger, das beste und ruhmreichste Bataillon dieser Gattung im ganzen Feldzuge, vermochten es dort noch nicht zu delogieren. Die 24. Chasseurs hatten neuerdings 240 Patronen pro Kopf erhalten, ihr rühriger Führer Joxe sorgte dafür, daß eine Ziegelei an der Batteriehöhe durch ausgiebiges Schnellfeuer behauptet wurde.

I 47 Mobile feuerte aus Francilly, III 47 wendete sich Front nach Norden gegen Fayet, links von Michelet, und degagierte mit Bravour ein Marinebataillon, das sich mühsam des 4. Ostpreußischen Regiments erwehrte. Diese frische Truppe hatte Graf Groeben über Selency in die Linke Michelets gesendet und hierdurch dessen Vorstoß gelähmt. II Moblots der Arbennen focht vorher tüchtig im Nordwäldchen neben I 73 Marsch, I Arbennen rechts davon verstärkte teilweise Francilly, wo II, III 1. Mobilisés feuerten, I kämpfte bisher als äußerster linker Flügel Robin's bei Konrad am Nordwäldchen mit und zwar recht brav, mit großem Verlust. Hingegen war das 2. Regiment Nationalgarden, das hinter I Arbennen stand, trotz Bitten und Drohungen nicht mehr vorzukriegen: so verschieden war die Haltung der Nationalgardenteile, gerade wie heute am nämlichen Tage vor Paris!

Oberst Jsnard behauptete immer noch die Höhe bei Francilly, wo die Gebirgsbatterie Finistère feuerte, die hervorragend brave Vierpfünderbatterie Payen's stand ganz allein vor ihrer Division. Aber nun befanden sich die Ostpreußischen 4er in unaufhaltsamem Vorgehen von Conti=Mühle her, die 1er von Selency. Um zwei Uhr nämlich hatte der rechte Flügel der Brigade Michelet wirklich die 44er aus Fayet geworfen, wobei ein Halbbataillon von den Marinefüsilieren mit dem Bajonnet schwer zugerichtet wurde. Allein, die 4er erstürmten die Gehöfte „des Roses" (Eingreifen von III 47 Mobile), zündete die Scheuern an, so daß die Besatzung sich ergab, und die 1er warfen sich auf die Flanke der zwischen Francilly und nördlichem Waldstück von Savy auftauchenden und verschwindenden Kolonnen Jsnards, welche drei zur Erkundung vorgerittene Offiziere vom Stabe Groeben's mit kräftigem Feuer begrüßten. Da Division Kummer Boden gewann, stürmten die 1er von drei Seiten auf Francilly los, um die langsam weichende Rechte Jsnards zu umfassen. Trotz der guten Crenelierung der Häuser ward der Ort erstürmt, der unwiderstehliche Anlauf der berühmten Grenadiere brachte sogar die Höhe in ihre Gewalt, wo die Batterie Finistère nur mit größter Mühe sich untern Schutz von III 1 Mobilisés rettete. Dies Regiment ward jetzt ganz zersprengt, auch das I Bataillon, auf Francilly vor dem Andrang der Division Kummer ausweichend, ergab sich abgeschnitten, die andere Hälfte wich nach Rocourt, wo sie standhielt. Die erste Brigade Robin's ging hier ganz zu Grunde. Ebenso I Arbennen, II geriet zwischen zwei Feuer und verlor 12 Off., 300 Mann. Der Regimentskommandeur Giovanninnelli (später kommandierender General 1895) sammelte nur 150 Versprengte. Äußerst ruhig vollzog das schwergeprüfte 73. Marsch seinen Rückzug zwischen die Chausseen nach Cambrai und Peronne, indem sein Kommandeur Castaigne sein III Bataillon entwickelte und so auch den endlichen Abzug der Vierpfünderbatterie ermöglichte. Sie mußte jedoch mit Kartätschen, die Bedienung mit Karabinern feuern, bis frische Bespannung beschafft wurde. Sie hatte 25 Mann, 45 Pferde verloren. Hochachtung!

Es war vier Uhr. Zehn preußische Geschütze fuhren auf der verlassenen Höhe auf, die 1er brachen aus Francilly vor, obschon Teile von

Michelet und Isnard bis auf zweihundert Schritt standhielten. Das ganze französische Centrum wich in die Vorstadt St. Martin hinein. Der entscheidendste Erfolg war hier errungen, zweitausend Gefangene (fast alles Nationalgarden) in Händen der Ostpreußen! Die 30. Brigade folgte aus dem nördlichen Waldstück dem Vorgehen, die „neue Armeereserve" erstürmte Oestre um vier Uhr, auch die 29. Brigade brach sich allmählich Bahn.

Es war eine Freude mit diesen Rheinländern, so unverdrossen und fröhlich im Vorwärts, so findig im Deckung suchen. Die ausdauernden massiven Ostpreußen, so gänzlich verschieden von den weintrinkenden, rebengenährten Stammesgenossen, fühlten längst für sie die ehrlichste Achtung, nachdem sie anfangs mit der kühlklugen Nüchternheit ihres Naturells auf diese beweglicheren, hitzigeren Landsleute herabgeschaut. Die charaktervolle, obschon etwas eingebildete und nörgelnde Tüchtigkeit der alten Ostmärker, so urdeutsch mit Stolz gegen das Slaventum seit sechshundert Jahren wachthaltend, vertrat hier würdig das eigentliche norddeutsche Wesen, unter rauher Schale grundgutmütig, ein wenig sentimental. Die Mittel-Rheinländer aber boten ein gutes Muster temperamentvollerer süddeutscher Art, da die mehr dem Westfälisch-Norddeutschen angegliederten Niederrheinländer im VIII. Korps fehlten und als 57er und 39er bei anderen Korps sich passend einfügten.

Um fünf Uhr mußte Lagrange auch Rocourt räumen. Aus den Vorstadtbarrikaden sprühte jedoch der 29. Brigade nachdrückliches Geschütz- und Gewehrfeuer entgegen, die schon erwähnte Ziegelei hielt Kapitän Joze, ein Überrumpelungsversuch der 28er scheiterte an der zähen Aufmerksamkeit des Gegners, nur eine Jägerabteilung schlich sich in die Stadt bis auf den Markt, wo sie zu ihrem Erstaunen schon Eindringlinge von Schwesterdivision Barnekow fand. Es mochte sechs Uhr sein, doch die Brigaden Isnard und Lagrange verteidigten immer noch aufs bravste den Westrand der Stadt, dem Gegner volle Hochachtung abzwingend. Und mittlerweile hatte auf dem äußersten Westflügel, dessen Überwältigung die Rückzugsstraße gesperrt haben würde, noch ein Kampf getobt, der nicht sonderlich glücklich für General Graf Groeben ausfiel.

Fayet hielt das 48. Mobile besetzt, dessen II Bataillon nebst $1/_3$ I 67 Mobile jedoch nach Weichen Robin's halb Front nach Norden nehmen mußte, weil es weiter südlich an der Straße stand. 3 Off. 147 Tote und Verwundete bezeugen, daß dies Regiment sich gut genug hielt. Auch I, III 4. Mobilisés und 2. Voltigeurs an der Mühle von Fayet schlossen sich alsbald der Brigade Pauly an, als diese auftauchte.

Die Mobilisés hielten sich also teilweise nicht so schlecht, wie man glauben sollte, wie ihre eigenen Führer sie abschätzten. Dies war denn auch bei Oberst Pauly der Fall, der plötzlich unversehens um halbvier Uhr ins Gefecht trat.

Es war zwei Uhr, als Goeben den Hauptmann v. Schmeling beauftragte: „Reiten Sie mal zum rechten Flügel Korpsartillerie, ob dort Verstärkung nötig ist." Der Hauptmann überzeugte sich vom Gegenteil. Gleich darauf erschien Major Lentze vom Generalstab: „Melde, daß Selencey unser, General Graf Groeben geht auf Fayet." Die Meldungen drängten sich jetzt, denn eine halbe Stunde später berichtete Hauptmann von Biberstein über den rechten Flügel, den er erst kürzlich verlassen hatte — er muß sehr scharf geritten sein, — daß dort das Gefecht etwas vorwärts gehe. Gegen drei Uhr lief ein schriftlich verfaßter Rapport ein, datiert „2 Uhr", der irrtümlich die Wegnahme von Francilly (Verwechselung mit Fayet?) meldete, ebenso Ansammlung französischer Reserven bei Gricourt. (Es waren die Teile von Robin, die sich später Pauly anschlossen.) Goeben überlegte: „Am östlichen Ufer scheint die Sache immer noch mißlich zu stehen, also muß Kummer mit äußerster Anspannung im Westen vordringen." Befehl ausgefertigt. Vor vier Uhr stellte sich Hauptmann Ahlborn vom Stabe VIII. Korps mit der Meldung vor, daß Groeben „um 3 Uhr" die Niederlage Robins vollendet habe. Gleichzeitig lief sehr verspäteter Rapport des Hauptmanns v. Schell ein, des Inhalts, „16. Division leide sehr," Böcking und Hymmen machten Luft. „Anscheinend ziehen zwei Brigaden nach Osten ab." Irrtümliche Beobachtung. Goeben wendete jetzt den Kopf seines Pferdes nach Richtung Rocourt, die ganze Kavalkade des Stabes setzte sich in Bewegung. Unterwegs fragte Lieutnant Graf Lüttichau vom Prinzen Albrecht um Befehle an, erhielt aber nur den Bescheid, alles nehme besten Fortgang. Es mochte fünf Uhr sein, als Goeben nun auch am Ostufer ein siegreiches Vordringen beobachtete und eine Meldung von Schell erhielt, II 86 habe den Südausgang der Vorstadt Jsle in Besitz. Beigeschlossen war ein Rapport des Majors Haffel vom Generalstab Barnekows, daß Grugies genommen sei. Um sechs Uhr trat ein den französischen Waffen Unheil verkündendes Schweigen im Westen und Osten ein, Goeben sah sich daher bemüßigt, um „6½ Uhr" an Moltke zu telegraphieren: „Die Nordarmee .... nach St. Quentin hineingetrieben." Dachte er vielleicht schon an Sedan=ähnliche Folgen? — —

Dem war vorgebeugt durch ein Naturwunder: ernstlich stür= mende Nationalgarden! Brigade Pauly nämlich hatte sich mit allen verfügbaren Elementen der zweiten Brigade Robins vereint und ließ sofort ihren guten Willen erkennen, zur Deckung der Rückzugs= straße sich nach Kräften zu bemühen. Mit erstaunlicher Entschlossen= heit und lautem „Vive la France" in durchaus fester Haltung, welche Groebens linker Flügel sofort wahrnahm, gingen diese gar nicht ausgebildeten und miserabel bewaffneten Volkskrieger gegen die 44er vor. Ein Ersatztransport von ein Off. achtzig Mann fürs I. Depotbataillon der Brigade Lagrange schloß sich an.

Die Gefahr schien so ernst, daß nicht weniger als zwanzig ge= zogene Geschütze zu Schnellfeuer übergingen und die Nationalgarden aufs heftigste mit Granatsalven übergossen, während die Ostpreußen in dauerndem Schnellfeuer, untermischt mit glatten Salven, der armen Bürgerwehr einen unerhöfften Empfang bereiteten. Wiederholt suchten sie durchzudringen, ihre Schützen kamen bis auf fünfhundert Schritt heran, aber das konzentrierte Feuer aller Waffen, das sie gar nicht erwidern konnten, wäre auch für ältere Soldaten zu viel gewesen. Sie ließen 5 Off. 147 Mann tot und verwundet auf dem Platze, keine „Vermißten", die „älteren" Mobilisés benahmen sich trotz späterer Prahlereien viel zaghafter, wie ihr geringer Verlust beweist. Jedenfalls ward der linke Flügel Graf Groebens etwas zurück= gedrückt, das Gelände hinter Fayet bis fünfeinhalb Uhr behauptet, hierdurch die Rückzugsstraße gesichert. Die verachtete National= garde hatte Korps Jvoy gerettet, dessen durfte sie sich be= rühmen. Auch Jsnards Landsturmbataillon Dünkirchen, sechshundert Mann stark, hatte bei der Batterie auf der Francillyhöhe bis zuletzt ausgehalten, machte jetzt „in guter Ordnung" am Eingang von St. Quentin wieder Front. Als der allgemeine Rückzug begann, ver= folgten die preußischen Granaten die Brigade Pauly bis in die Dunkelheit, was endlich deren fluchtartige Eile unter begeistertem Hurrah der Kanoniere veranlaßte. Ihre Offensive hatte zufällig das Glück gehabt, mit einem erneuten Vorstoß der Brigade Michelet zu=

sammenzutreffen, den Faidherbe vom Faubourg St. Martin mit hoffender Seele beobachtete. Marinefüsiliere und 48. Moblots rangen noch einmal südlich von Fayet und, als sie den rechten Flügel Groebens zum Weichen brachten, auch noch verzweifelt um Besitz von Fayet, gegen welches brennende Dorf sein linker Flügel — dreizehn vermischte Kompagnien aller drei ostpreußischen Regimenter — herzhaft vorbrach. Viele Füsiliere liefen hier in der Herzenseinfalt ihres altpreußischen Vorwärts barfuß, weil ihnen die Stiefel im Lehmboden stecken blieben — ein ebenso ergötzlicher als rührender Anblick. Es kam um Fayet noch zum Handgemenge. War ein Teil draußen im Felde abgewiesen, drangen andere Teile wieder ins Innere ein, um erst dort überwältigt zu werden. Um sechs Uhr blieb die niederbrennende Ortschaft fest in deutschen Händen, doch machte die Dunkelheit hier jedem Kampf ein Ende. Michelet, Robin, Pauly und die gesamte Artillerie retteten sich auf der Straße nach Cambrai ohne Verlust, da die Kavallerie Dohna müßig zusah. Die Artillerie d'Ivoy's bei Fayet-Mühle hatte schon um drei Uhr retirieren müssen bis an die Cambrai-Chaussee, von wo sie mit Schrapnells die Ostpreußen überschüttete. Payen's Zwölfpfünder verbrauchten nur fünfhundert Schuß. Übrigens kostete die Schlacht im Westen dem Sieger rund tausend Köpfe, wovon 22 Off. 542 M. auf Groeben entfallen. Die 44er litten am meisten und die ostpreußische Artillerie verlor 59 Mann. Also haben Milizartillerie und Landsturm auf der Westflanke ganz gehörigen Verlust beigebracht!

Seit zwei Uhr raste der Kampf im Osten fort und der Tod feierte bei Grugies immer noch sein Fest. Die eine Vierpfünderbatterie auf der Höhe von Giffécourt hat dort bis drei Uhr, wo sie abfuhr, fast ganz ihre Protzkasten geleert, die andre auf der Höhe von Tout Vent brachte es auf dreizehnhundert Schuß; übrigens blieb der Gesamtverlust der Artillerie Lecointes (44 Köpfe 50 Pferde) sehr hinter dem der deutschen zurück. Auch das Marinebataillon verlor nur 98 Tote und Verwundete, die 20. Chasseurs 4 Off. 120 M., außerdem 34 Vermißte. Auch das in Reserve stehende 91. Moblots hatte nur eine Handvoll Toter und Verwundeter zu beklagen. Woraus sich ergiebt, daß die Gefechtskraft Lecointes durch Blut=

verlust bisher noch wenig geschwächt war, der Gegner bedeutend mehr verloren hatte.

Gegen drei Uhr hatte die „Armeereserve" sich gegen den abziehenden Gislain so weit vorgearbeitet, mit dreißig Geschützen die Höhe von Giffécourt so unhaltbar gemacht, daß die dortige Infanterie den Abhang hinunterglitt und die Artillerie, teilweise auch der Munition beraubt, sich aus dem Staube machte. Der prächtige Anlauf trug die 41er glatt unter die Höhe und weiter bis zum Fuß des Hangs südlich der Zuckerfabrik, bis wohin Gislain zurückgeworfen wurde. Der steile Südwestabhang ward erklommen, der Einbruch in die feindliche Hauptstellung durchgeführt, die Batterien unter Beihilfe der Mannschaft den glatten Mühlenhügel hinaufgeschafft, nun die hin und her wogenden Massen im Grund von Grugies und die Fabrik mit mächtigem Granathagel überschüttet. Die 20. Chasseurs entwichen rückwärts, die 18. Chasseurs, für welche der Tag äußerst blutig war, seitwärts. Ebenso das 72. Marsch, von Contescourt bis Grugies durch den deutschen Sturmbock unwiderstehlich weggeschoben. I 101 hatte dabei zweihundert Mann verloren, dies Mobilgardenregiment stand jedoch immer noch in erster Linie, jetzt östlich der Bahn. II 44 Mobile war um zwei Uhr links vom Marinebataillon vorgezogen worden, III feuerte neben der Batteriemasse von Tout Vent und litt ziemlich unter Fernfeuer. Im Allgemeinen schien Division Bessol — heute nur neun Bataillone — nahe daran, aus dem Feld geschlagen zu werden. I 46 Moblots und die 17. Chasseurs stützten die wankende Stellung bei Grugies. Mittlerweile strengten aber 68. Marsch, 46. Mobile der Brigade Pittié, zwischen ihnen II 91 Mobile und weiter westlich II III 101 Mobile sich immer noch weidlich an, Division Barnekow zu werfen. Sechsmal nahm und verlor das 68. Marsch die Höhen östlich der Bahn, unser I 70 schlug aber zuletzt alle Angriffe ab, obschon ihm Patronen von I 40 zugetragen werden mußten. Und als nach drei Uhr neuerdings die letzten Reserven Lecointes mit bewunderungswertem Elan vorbrachen, attakierten die 1. Reservedragoner westlich der Straße von Essigny den rechten Flügel dieser Angriffslinie, über dem gleichzeitig von der Giffécourt-Höhe sich ein schreckliches Granatungewitter entlud.

Der Erfolg war zauberhaft. Das 68. Marsch, völlig in die Flucht geschlagen, eilte nach dem Grund südöstlich von Grugies. Nicht weniger als 10 Off. 440 Mann ergaben sich den verfolgenden preußischen Schützen. Die sturmfreien Mauern der Fabrik brachen inzwischen ein, durch die Breschen dröhnte ein grimmes Hurragebrüll der Stürmer. Was in ihre Hände fiel, ward niedergemacht: Die Deutschen hatten den Krieg satt und wollten ein Ende machen. Auch Grugies erobernd, schleuderten die 41er den fliehenden Massen ein Schnellfeuer nach, dessen gräßliche Wirkung den ganzen Thalhang mit Leichen, Sterbenden und Verwundeten besäte. Zwar brüllten die Zwölfpfünder von Tout Vent noch unverdrossen, auch in die soeben anrückende Reservebrigade hinein — drei frische Bataillone, während I 19 den 41ern folgte. Das feuchte Wetter erschwerte aber das Zielen, weil der Dampf dicht vor den Mündungen der Feuerschlünde lagerte, auch blieben viele Granaten im tiefen weichen Boden eingebettet, ohne zu platzen. Die Artillerie hielt jedenfalls den Sieger nicht auf, zumal erstere jetzt auch nach Nordosten feuern mußte, weil nach viereinhalb Uhr die drohende Umfassung der Sachsen, die pausiert hatten, aufs neue anhob. Gegen die Sachsen übte das Flankenfeuer von Tout Vent doch solche Wirkung, daß sie im Wesentlichen abzogen. Nur II 86 erstürmte noch das Gehöft St. Lazare vor der Vorstadt.

Das Korps Lecointe hatte bis zur äußersten Möglichkeit sich aufgezehrt, die Waffenehre reingehalten. Aber was nun? Noch hielt die Infanterie, die sich sofort wieder gefaßt hatte, wacker Stand, man durfte hoffen, Tout Vent noch einige Zeit zu bewahren. Aber welchen Zweck erreichte man damit? So dachte Lecointe, der von der Höhe aus sogar am Westufer das allmächtige Vordringen der Deutschen bemerkte. „III 101 meldet, daß es schon über den Kanal von Westen her beschossen wird." „Es ist gut. Reiten Sie zum General-en-Chef und melden Sie, mein linker Flügel trete den Rückzug an." In peinlicher Unruhe erwartete Lecointe weitere Beschlüsse des Oberkommandos, eine Stunde verstrich, da wußte Lecointe Bescheid, daß er sich nur noch auf sich selber verlassen dürfe.

Er beschloß, mit Gislain und Aynès auf den Flügeln den Rückzug zu decken, um mit der Hauptmasse über St. Quentin abzuziehen. Er verfügte daher vorläufig: „2. Chasseurs nach Tout

Vent. II III 67 halten die Vorstadt Jsle. I 67, I 69, sowie 101 Mobile müssen rechts aushalten, so lange wie möglich. Die Artillerie bleibt, so lange sie kann." Noch kam der Befehl nicht zur Ausführung, er harrte noch auf Bescheid. Statt dessen kam eine unsinnige Meldung, Korps Jvoy erbitte Verstärkungen von Lecointe; dann aber keuchten umgekehrt zwei Geschütze der Batterie Pas de Calais (Payen) heran, die in St. Quentin ihre Munition (sechshundert Schuß verbraucht) ergänzt hatte, um viereinhalb Uhr aber von dort Lecointe überwiesen wurde. Die übrigen vier Geschütze trafen gerade „vor Thoresschluß" ein, als ihnen von Tout Vent der Rückzug entgegenströmte.

Die 41er hatten noch immer nicht genug, mit unbezwinglichem Siegeseifer stürzten sie auch noch durch den Feind bei Gauchy hindurch. Die dortigen Wassergräben zur Wiesenberieselung gewährten dem Verteidiger einige Deckung, und obschon jetzt alle Deutschen wie ein Mann dem Feinde nachsetzten, mäßigte sich ihr Laufschritt unwillkürlich. Die Artillerie bei Tout Vent feuerte ruhmvoll bis zum bittern Ende, der am meisten gefährdete Oberst de Gislain wich nur Schritt für Schritt, die Rheinischen Husaren im Wiesengrund von Grugies setzten umsonst zur Attake an und mußten eiligst wieder aus dem Feuer herausreiten. „Das Ganze vorgehen!" Dies markerschütternde Schlußsignal preußischen Kampfzorns pflegt sonst den Gegner von vornherein schon durch den Anblick der ungestüm vorwärtsstürzenden Heldenscharen zu erschüttern. Aber die Miliz-Franzosen hielten den Eindruck aus, insbesondere muß die Haltung der 101. Mobilen ehrend hervorgehoben werden. Die frischen deutschen Bataillone I 81 und F 19 wandten sich nach rechts zur Vorstadt, indes vierundzwanzig Geschütze im Galopp vorjagten und die Weichenden unter Feuer nahmen. —

Faidherbe hatte so wenig Uebersicht von der Schlacht, daß er wie vom Donner gerührt schien, als Lecointes Adjutant ihm den Rückzug anmeldete. Er ritt aus der Vorstadt St. Jean auf den Marktplatz, wo bereits Impedimenta und Teile von Pittié vorbeidefilierten. „Was macht denn der General Lecointe! Ist er denn geschlagen? Er zwingt mich ja so, auch im Westen abzuziehen, und wir haben uns doch gehalten?" Sein erster Ordonanzoffizier sollte sofort den Kommandierenden des Korps Jvoy aufsuchen, um ihm die Rückzugsorbre zu übermitteln. Es war fünfeinviertel Uhr und der Rückzug Lecointes hatte wirklich begonnen, er konnte nicht länger auf Befehle warten.

Während es im Osten noch bunt herging, bedeckte sich die Straße nach Cambrai schon mit dichtem Getümmel der nordwärts flutenden und nacheinander aus St. Quentin abfließenden Massen.

Nur Isnard und Lagrange ließen sich nicht stören. Da sie keinen Gegenbefehl erhielten, harrten sie eben in der Vorstadt aus. Dort lagen sie, Gewehr im Anschlag, mit unerschütterlichem Mute, bis ein unverdientes Geschick über sie hereinbrach.

Als um sechs Uhr endlich der Befehl Faidherbes zu Händen des Generals d'Ivoy gelangte, vermochte nicht mal er selber durch die Stadt hindurchzukommen. „Folgen Sie mir, mein General!" Der unermüdliche Joxe von den 24. Chasseurs ergriff das Pferd d'Ivoys am Zügel. „Zu mir, meine Braven!" Mit 4 Offizieren 82 Jägern, dem Rest seiner Kerntruppe, bahnte er dem greisen General den Weg und drang vor, sich opfernd, um dem Stab des Kommandierenden und des Generals Payen, der sich anschloß, Zeit zu gönnen, durch eine Seitenstraße zu entkommen. Ein patriotischer Einwohner zeigte einen Umweg, wo man ins Freie gelangte. Als Kugeln pfiffen, umgab sein Stab den alten Herrn als schützende Mauer, um ihn mit lebenden Leibern zu decken: ein Zeugnis, daß altfranzösische Ritterlichkeit noch nicht erstorben sei. — Joxe aber erhielt jetzt auf fünfzig Schritt eine Salve, die ein Viertel seiner Braven umwarf, der eingedrungene Feind — wohl Rheinische Jäger — hatte eine verlassene Barrikade besetzt. Umsonst suchte eine Geniekompagnie mit Flinte und Beil sich am Kampfe zu beteiligen, umsonst erstieg Joxe die Barrikade; er und die Seinen, im Handgemenge eingeschlossen, mußten sich in die Häuser flüchten, von wo sie nachher in Verkleidung entwischten. Sieben Uhr.

Ohne es zu ahnen, hatten die tapfern Brigaden Isnard und Lagrange nicht nur den Rückzug ihres Korps, wie sie meinten, sondern noch weit mehr den des andern gedeckt, das sonst einem Flankenangriff von Westen in die Hände gelaufen und vielleicht zertrümmert wäre. Als sie aber nun in Marschkolonne durch die Stadt abziehen wollten, sahen sie plötzlich allerorts den Weg gesperrt, sich umringt und zur Ergebung aufgefordert. Und das alles in düsterem Nachtdunkel. „Alles ist verloren!" Ein panischer Schrecken entmannte plötzlich bei Nacht diese Truppen, die den ganzen Tag lang wie Männer gefochten hatten.

In tiefer Verzweiflung ergaben sich die Trümmer in ihr Los, wie eine Hammelherde führerlos zusammengetrieben. Doch überdauert ihren Untergang ihr guter Name. Die Namen Jsnard und Lagrange werden in der Kriegsgeschichte unvergessen bleiben. —

Die 24. Chasseurs zählten rund 600, das I. Depotbataillon Regiments „ohne Nummer" 680 (incl. eines während der Schlacht eintreffenden Ersatztransports), das II. 4—500 Köpfe, das 47. Mobilgarde nach Einschiebung von 800 Ersatzmannschaften noch 1800. Von den Chasseurs entkamen 240, ihr Verlust betrug 405 Mann, 8 Offiziere. Ebenso viel Leute und Offiziere verlor das I. Bataillon, 450 das II. Das I 47 Mobile verlor 120 Tote und Verwundete, 400 „Vermißte". Das Depotbataillon III 24 der Brigade Jsnard büßte etwa die Hälfte ein, nur drei Offiziere entkamen. Das 73. Marsch verlor 7 Off., 693 Mann, II Ardennen 12 Off., 295 Mann. Vom Bataillon Dünkirchen fielen auch neun Offiziere in Gefangenschaft.

Von den versprengten Moblots rettete sich ein großer Teil auf der Cambrai=Chaussee, oft so, daß sie bürgerliche Kleidung mit Hilfe der Stadtbewohner anlegten und so entkamen. Von 438 „Vermißten" der 48. Moblots langten 250 wieder bei der Fahne an, ebenso ging es bei III 47 und beim Regiment Ardennen.

Das Korps Lecointe hatte bisher der nachhaltigen Energie der Deutschen eine besonnene, höchst rühmliche Tapferkeit entgegengesetzt, ohne das übliche Strohfeuer, sondern voll stiller Kraft. General Lecointe war hier der rechte Mann am rechten Platz, und die deutschen Führer Barnekow und Lippe waren es nicht. Sie führten den Kampf mit ängstlichem Maßhalten, klebten an veralteten Formen des Manövers und Exerzierplatzes, mit tropfenweisem Verbrauch ihrer so reichlich bemessenen Streitkraft, und erst das schneidige Verhalten des Oberst von Böcking brachte Leben in die Scene. Unerschütterlich leitete Lecointe vom Windmühlenberge von Tout Vent den gefahrvollen Kampf seines Korps, voll besten Wollens, sich bis aufs Äußerste zu wehren. Seine tapferen Unterführer Bessol und Aynès verstanden den Jhren ihre ausdauernde Hingebung einzuhauchen, die beide mit ihrem Leben bezahlten. Aber nun war es auch mit fernerem Ringen um den Sieg, wenn auch nicht mit rühmlichem Wiederstand, zu Ende. Lecointe sah deutlich von seiner Höhe aus, wie die deutsche Umfassung auf beiden Flügeln ausreifte; was sollte weiteres Behaupten von St. Quentin fruchten? Es konnte nur eine Katastrophe herbeiführen, den unausbleiblichen Mißerfolg verschlimmern.

Fünf Uhr. „Wollen Sie gefälligst sofort den Rückzugsbefehl ausfertigen!" wandte er sich an seinen Stabschef. „Ich übernehme es auf meine eigene Verantwortung."

„Der General-en-chef hat noch nicht befohlen," machte jener bedenklich.

„Das muß ein Versehen sein, vielleicht ein Mißverständnis." —

Das Fußvolk Lecointes hatte sich immer von Neuem aufgerafft. Es verzweifelte auch jetzt nicht, trotz des Schießens im Rücken an der Vorstadt, und ließ sich bei ruckweisem Weichen nicht einschüchtern. Auch die brave Artillerie, die sich heut wohlverdienten Ruhm erwarb, leistete das denkbar Mögliche. Nicht eins ihrer Geschütze ging verloren.

Eins muß man ja freilich der deutschen Führung zuerkennen, daß sie nun endlich, wo der ganze Umfang des Sieges selbst dem gemeinen Soldaten klar wurde, durch sachgemäße Maßregeln den Ungestüm des Nachdrängens wesentlich unterstützte. Die Auflösung im Korps Lecointe erreichte jedoch erst ihren Gipfel, als der Durchzug durch die Stadt über die eine Brücke eilfertig von statten ging. Viele Barrikaden, die man quer über die Straßen errichtet hatte, blieben unverteidigt, von der Nachhut im Stich gelassen.

Als die französische Artillerie endlich abfuhr, stürzten die frischen Kräfte vor der Front auf Tout Vent als leichte Beute und pflanzten ihr Panier auf dem verhängnisvollen Windmühlenhügel auf. Die frühergenannten Teile de Gislains deckten den vollständigen Rückzug Pittiés und Foersters, die 2. Chasseurs zogen als letzte in stolzer Haltung ab. Die deutsche Infanterie, außer den acht frischen Kompagnien, die jetzt in die Vorstadt Isle einbrachen, fühlte sich zu erschöpft, um folgen zu können. Es kam vor, daß Offiziere und Mannschaften vor Ermattung umsanken und im feuchten Boden liegen blieben, ohne sich erheben zu können. Doch fiel vor sechs Uhr schon die Vorstadt in Hände der 19er. Der Bahnhof, die Baumwollfabrik, die Sommebrücke wurden durchsucht und gesäubert. Als die Chasseurs als letzte Arrièregarde am Bahnhof vorbeizogen, bekamen sie von dort noch Gewehrfeuer auf den Weg. Das 67. Marsch hatte die Vorstadt am längsten verteidigt, es wurde so gut wie vernichtet. Auch die 17. Chasseurs verweilten dort noch lange, ehe sie ostwärts auf Bohain=Le Cateau abzogen. (Verlust 272.) Das Korps benutzte nämlich nur zum Teil die Nordstraße nach Cambrai, ein Teil bog auf die Oststraße nach Valenciennes ab. Wie die 17. Jäger, auch das 68. Marsch und 91. Mobile — letzteres löste sich beim Rückzug vorerst auf — und 44. Mobile, wovon jedoch hundert Mann nach Cambrai marschierten. Die ganze Nach=hut Gislain ging in fester Mannszucht nach Cambrai davon. Sie beließ nicht eins ihrer Geschütze in Feindeshand.

Nur sechs wenig brauchbare Stücke der Brigade Isnard blieben an den Vorstadtbarikaden stecken; es ist nicht wahr, daß Geschütze „im Feuer genommen" wurden, wie Goeben telegraphierte. Herrlich haben die Deutschen sich hier geschlagen wie immer, aber die un=verdiente, nur durch liederliche Oberleitung des gepriesenen Faid-herbe verschuldete „zermalmende" Niederlage dieser wahrhaft braven Milizarmee, bei der heut selbst der Landsturm letzten Aufgebots mit Vorderladern dem Vaterlande den Blutzoll entrichtete, erfüllt mit tiefem Mitgefühl.

Division Bessol büßte allein über 1000 Tote und Verwundete ein, wobei 38 Offiziere; der Verlust Derrojas war gewiß nicht geringer. Payen und Robin verloren 47 Offiziere, 1343 tot und verwundet, wovon natür=lich kaum ein Viertel auf letzteren entfallen dürfte. Der Gesamtverlust Isnards betrug 2400 Köpfe inkl. sämtlicher Vermißten, woraus übrigens hervorgeht, daß er a) ganz sicher nicht am 19. Januar bloß 2800 stark war, wie französischerseits behauptet ward, da sich nachweislich noch 1600 gerettet haben, von später eintreffenden Versprengten ganz abgesehen, b) daß unter obiger Ziffer, in Anbetracht der analogen Verluste Lagrange's bei gleicher Tapferkeit, sicher 700 Tote und Verwundete sich befinden, daß also die Franzosen nicht „3000", sondern 4000 Tote und Verwundete verloren, c) daß man nicht an völlige Waffenstreckung und Zermalmung der beiden Brigaden denken muß, da sich von Lagrange, der naturgemäß nur noch 3000 Mann zählte, gleichfalls noch mindestens 1000 nach=weislich retteten. Somit können die Deutschen sicher nur 6000 Gefangene während der Schlacht gemacht haben, wahrscheinlich noch weniger, und wären bei angeblich „9000" Gefangenen alle bei der

Verfolgung aufgegriffenen Maroden, sowie sämtliche in St. Quentin liegengebliebenen Kranken und Maroden eingerechnet.

Mit fabelhafter Schnelle entwischte Faidherbe nach den Nordfestungen. Die Mobilisés liefen jetzt davon, wie nicht anders zu erwarten, da der Krieg ja doch zu Ende sei; zahlreiche Nachzügler fielen in Gefangenschaft.

Der Sieger Goeben, spähend leicht im Sattel vornübergeneigt, dem er zur Feier des Tages eine neue Schabrake angelegt hatte, verfolgte die Aktion bis zuletzt mit ungestörtem Gleichmut. Er ließ den Untergebenen volle Freiheit des Handelns innerhalb der allgemeinen Direktive, weshalb deren Selbstvertrauen wuchs. „Sorgen Sie nur für mein Quartier in St. Quentin," sagte er lächelnd und erwiderte auf Bitten um besondere Befehle: „Das geht mich gar nichts an, ich kommandiere diese Brigade ja nicht!" Ohne irgendwie die Thätigkeit der Untergenerale zu beschränken, kargte er nachher nicht mit Anerkennung: „Das haben Sie famos gemacht," sagte er später mit Händedruck.

Keine Muskel zuckte in seinem unbeweglichen Gesicht. Doch freute er sich im Stillen wie ein Kind über diesen ersten wirklichen Sieg der Deutschen im Norden Frankreichs, über diese erste größere Schlacht, die er — seit den bedeutenden Treffen von Kissingen, Aschaffenburg und Bischoffsheim — selbständig an Spitze einer Armee leiten durfte: jedes richtigen Soldaten höchster Ehrgeiz. Seine vortreffliche Ruhe verließ ihn nie, zumal ein fatalistischer Zug seinem mystisch angehauchten Gemüte eignete.

Im Dorfe L'Epine de Dallon saß Goeben vor dem Kamin, dessen Feuer er selber schürte. In kurzer Folge drängten sich die Meldungen: „St. Quentin unser" — „Feind zieht auf Cambrai ab" — „Und auf Arras und Douai." Also die schöne Nordarmee vollständig auseinandergesprengt — ihre Trümmer in wilder Flucht nordwärts gewälzt — und der Name „St. Quentin", der Name „Goeben" eingeschrieben ins Buch der Geschichte.

Als er an den jubelnden Truppen, die mit so felsenfestem Vertrauen und fast abergläubischem Respekt zu ihm aufschauten, gedankenvoll und in sich gekehrt vorüberritt, überlegte er schon kühl und sachlich, ob er denn wirklich diesen reichen Lorbeer verdiene.

Sein starker Wille aber blieb so ungesättigt, daß er jetzt um Mitternacht seinen berühmten Armeebefehl zur Verfolgung erließ, der schloß: „Ich stelle als Grundsatz hin, alle Truppen marschieren morgen fünf Meilen... Abmarsch acht Uhr früh." Umsonst. Auch der letzte Mann der Armee war eingesetzt worden, die erschöpften, hungernden Goeben'schen konnten nicht mehr. Sie hatten genug gethan.

Und die kernigen Helden der Weichselebene, denen hier zum letztenmal ihre schattigen Wälder und lauschigen Ostseedünen vorm brechenden Auge schwebten — die sturmfrohen Burschen von Rhein und Mosel, die sterbend nach dem Wellenschlag ihres heiligen Stromes in die Nacht hinaus lauschten — über ihnen läuteten die Schlachtendonner des Januartages wie feierliche Neujahrsglocken, einläutend das Neue Jahr deutscher Herrlichkeit, das kommende deutsche Jahrhundert.